CB076756

A Poesia Árabe-Andaluza: Ibn Quzman de Córdova

Signos 28

Coleção Signos Dirigida por Haroldo de Campos
Supervisão editorial J. Guinsburg
Assessoria editorial Plinio Martins Filho
Revisão Tania Mano Maeta
Capa e projeto Ricardo Assis
Produção Ricardo W. Neves, Adriana Garcia e Heda Maria Lopes

A POESIA ÁRABE-ANDALUZA: IBN QUZMAN DE CÓRDOVA

Michel Sleiman

ابن قزمان القرطبي

EDITORA PERSPECTIVA

FAPESP

Dados Internacionais de Catalogação na Publicação (CIP)
(Câmara Brasileira do Livro, SP, Brasil)

Sleiman, Michel
A poesia árabe-andaluza : Ibn Quzman de Córdova / Michel Sleiman. -- São Paulo : Perspectiva : FAPESP, 2000. -- (Signos ; 28)

Bibliografia
ISBN 85-273-0231-4

1. Ibn Quzman, de Córdova, séc. 12 2. Poesia árabe (Andaluzia, Espanha) I. Título. II. Série.

00-4618 CDD- 892.71

Índices para catálogo sistemático:
1. Poesia : Literatura árabe-andaluza 892.71

Direitos reservados à
EDITORA PERSPECTIVA S.A.
Av. Brigadeiro Luís Antônio, 3025
01401-000 – São Paulo – SP – Brasil
Telefax: (0--11) 3885-8388
www.editoraperspectiva.com.br
2000

Sumário

Convenção Gráfica 11

Introdução 15

Quzmanologia 25
No princípio foi o zejel 27
O cancioneiro 30
Problemática 32
Língua e grafia 32
Métrica: um caso de *'arūḍ*? 33
Uma tese hispânica 35
Ḵarja: tempero romance 38
A contribuição de Emilio García Gómez 41
A dialetologia 45
A contribuição de Federico Corriente 46

A Poesia na Córdova Almorávida 51
Os almorávidas 53

A população ... 54
Os alfaquis ... 58
Situação da poesia ... 60
A poesia clássica ... 63
A *muwaxxaḫa* ... 64
Precedentes do zejel ... 69
O zejel árabe-andaluz ... 71

O Zejel de Ibn Quzman ... 75
Definição ... 77
O panegírico ... 79
Panegírico-requebro ... 80
Lírico-amoroso ... 85
Petição ... 86
Arquiunitário ... 87
O zejeleiro ... 89
Uma organização velada ... 92
O bufão ... 93
A burla contra o Alfaqui ... 95
A burla contra o Amor ... 97
A burla contra o Mecenas ... 100

O Som e o Sentido ... 103
Edições e traduções ... 105
O duplo ... 110
Nova tradução ... 111
Som e sentido ... 113
A escolha ... 116
O amor que mata: zejel n. 1 ... 118
A lima e a estrela: zejel n. 10 ... 122
O afalqui e o trigo: zejel n. 80 ... 125

Waxkí, Liminha e o Trigo Novo ... 129
Sobre a transliteração ... 131
Interregno ... 133
Sobre a tradução ... 134
Equivalência ... 135
Auto-referência ... 140
Notação ... 142
Seção de textos ... 143
Fac-símile do manuscrito ... 145
O texto em caracteres árabes ... 153
O texto árabe-andaluz – transliteração ... 159
O texto português – tradução ... 165
Notas ... 171
1. Notas ao texto árabe ... 173
2. Notas e comentários ao texto português ... 181
N. 1 – Um ritmo que fala ... 181
N. 10 – Criação, isto é, tradução ... 195
N. 80 – Materialidade ... 201

A Língua do Zejel de Ibn Quzman ... 207
Origem ... 209
Implantação ... 211
Definição ... 213
Gramática ... 215
I. Fonologia ... 216
1. segmental ... 216
2. supra-segmental ... 218
II. Morfologia ... 219
1. o nome ... 219
2. o verbo ... 221
III. Sintaxe ... 224
1. sintagma nominal ... 224

2. sintagma verbal 225
3. outros traços 227
4. fragmentos 228
IV. Léxico 229

Bibliografia 233

Convenção Gráfica

1. Transliteração dos termos árabes

ā, ī, ū = "a", "i", "u" longos.

á, í, ú = "a", "i", "u" tônicos.

a, i, u = "a", "i", "u" átonos (para o árabe-andaluz) ou breves (para as demais formas de árabe).

à = a longo em final de palavra, marcado por *alif maksūra*. Somente para o árabe clássico.

' = consoante oclusiva laríngea e surda.

' = consoante faríngea fricativa e sonora.

s = "s"; nunca com som de "z".

h = "h" do inglês *he.*

k = "c" em "casa".

w = "u" em "qual".

y = "i" em "ioiô".

ṯ = "th" do inglês *thing.*

ḏ = "th" do inglês *this.*

ḵ = "j" do espanhol *Juan.*

l = "l" do espanhol *el*; sem, portanto, vocalizar o "l" pós-vocálico.
g = consoante velar fricativa e sonora; assemelha-se ao "r" *grassyé* do francês.
č = "ch" do espanhol *chico*
ğ = "g" em "gorro"
h̥ = consoante faríngea fricativa e surda
q = "c" em "casa", porém enfático; quase como o "g" em "gorro"
d̥ = "d", porém enfático
s̥ = "s", porém enfático
t̥ = "t", porém enfático; quase como um "d"
z̥ = "th" do inglês *this*, porém enfático.

2. Sinais e Abreviaturas

Para o capítulo "A Língua do Zejel de Ibn Quzman":

> < = transcrição grafêmica
< = evoluído(a)
> = derivado(a)
( ) = opcional
/ / = transcrição fonológica
{ } = transcrição morfológica
[ ] = transcrição fonética
Cv = seqüência de consoante e vogal; podendo esta ser substituída por uma das vogais possíveis: a, i, u
{1 2 3 4 5} = ordem seqüencial das consoantes que compõem a raiz de uma palavra. Se houver vogais, elas podem ser indicadas ({1a2i3}); no caso de falhar a seqüência numérica, substitua-se o número que falta pela consoante que está no seu lugar ({1w3} quer dizer que a segunda consoante é uma letra *wāw*).
s. = singular
pl. = plural
+ indica junção.

Para os demais capítulos:

ms. = manuscrito

◡ nos metros do *'arūḍ* adaptado ao árabe-andaluz, indica uma medida (sílaba) átona.

– como no caso acima; porém, tônica.

Introdução

O que se sabe de Abū Bakr Ibn 'Abd al-Malik Ibn Quzmān al-Asgar, ou simplesmente IBN QUZMAN* – como é conhecido o mais famoso poeta da Córdova andaluza do século XII –, quase que se limita aos dados biográficos contidos nos seus poemas. Daí não se poder afirmar muito de concreto sobre a sua vida. O que, sim, se pode fazer – uma vez aceitas como verídicas as alusões que Ibn Quzman faz de si como personagem –, é traçar o seu caminho como poeta panegirista: cidades por onde andou – Sevilha, Jaén, Córdova, Fez – ou as personalidades, muitas delas, a quem ele dedicou seus versos. Ou então aventurar um esboço de seu aspecto físico: alto, loiro, de olhos azuis, sempre muito bem vestido – ou empenhando-se para isto, já que, do que nos dizem algumas lendas, Ibn Quzman devia ser um tanto feio. Ou, ainda, com maior risco, traçar as feições de sua personalidade ou condição social, de todo divertidamente contraditórias.

O manuscrito – único – de seu *Cancioneiro* ostenta-lhe o título de "vizir". Seria aristocrata, portanto. Contudo, apesar de ter havido no-

* Leia-se *Quzman* como palavra oxítona, conforme recomenda a acentuação portuguesa quanto às palavras terminadas em *n*.

bres na sua linhagem (seu tio, que tinha o mesmo nome, teria sido vizir), parece que, para Ibn Quzman, esse título não se traduzia em riqueza, pois, se dermos crédito aos seus versos, em diversas passagens do *Cancioneiro* o poeta se queixa de pouco dinheiro, nenhum rendimento e, em algumas vezes, de falta absoluta de víveres, ainda que em outros momentos ele declare ter uma escrava (de categoria menor, é verdade, mas uma escrava) e um capataz que lhe cuidava um pedaço de terras, de onde, aliás, o poeta era servido de alguma fruta – pêssegos e romãs. Um vizir, enfim, que, quando não clama por farinha, azeite e pão, pechincha nos mercados para baratear o preço de alguma peça de roupa.

Ainda segundo as suas palavras, Ibn Quzman "estava nos testículos do pai" no ano de 1086, quando se deu a Batalha de Zagrajas, que rendeu aos exércitos almorávidas africanos uma importante vitória sobre os cristãos do norte peninsular. Se é conjectural a data de seu nascimento, parecem seguros, porém, o dia, o mês e o ano em que morreu: 2 de outubro de 1160. Teria vivido seus setenta e poucos anos, durante todo, ou quase todo o governo almorávida e os primeiros anos de governo almôada, períodos estes conhecidos pelo excesso de fanatismo religioso, o que explica o fato de ter sido preso ao menos duas vezes, sob a acusação de hipocrisia religiosa, razão bastante aceitável para alguém que se proclamava bêbado, ímpio, adúltero inescrupuloso e sodomita estuprador. Mas ei-lo, em outra passagem, aparentemente nos anos finais de sua vida, subindo diariamente o alminar da mesquita para chamar os fiéis à oração, tornado imã, rezando, em joelhos, prosternado.

Tamanha contradição nos dizeres do poeta parece que atendia a uma exigência própria do tipo de poesia feita por ele, o zejel (do árabe *zajal*)[1] que dispõe o autor e sua personagem numa relação de alteridade. Neste sentido, a imagem construída por Ibn Quzman e pela qual ele passou a

1. Como adaptação do árabe *zajal*, adoto, em português, a forma "zejel", de ascendência espanhola, conforme *céjel*, ou *zéjel*, usando, porém a forma oxítona, em decalque à sua realização fonológica no dialeto árabe-andaluz. Todas as citações, por conseguinte, foram neste livro uniformizadas.

ser conhecido foi a de desavergonhado, que era o que importava, afinal, para a manutenção do *status* de zejeleiro (*zajjāl*), fazedor de zejéis. E este terá sido o maior vínculo entre o poeta e sua poesia: que um refletisse as qualidades do outro. Daí porque, também, o nome de Ibn Quzman, tanto anteriormente como hoje, vir associado, antes de mais nada, ao gênero zejel.

A particularidade desse gênero, frente às demais formas líricas árabes, é seu aparente caráter anticlássico, porque escrito num árabe vulgar – no caso do zejel de Ibn Quzman, no dialeto árabe-andaluz.

Na qualidade de poesia não-clássica, o zejel foi, na Idade Média, uma novidade das terras muçulmanas da Europa Ocidental, a tradicionalmente conhecida Andaluzia, ou, conforme chamada pelos árabes, *al-Andalus*. De fato, em nenhuma província islâmica da época praticou-se o verso vulgar com tanta regularidade. E o grande mérito de Ibn Quzman foi justamente fazer do dialeto provinciano da Andaluzia uma língua literária alçada à altura do idioma clássico que serviu para a expressão do Alcorão e a maioria da literatura árabe do mundo islâmico medieval. Por outro lado, Ibn Quzman aprimorou as formas do zejel, recentemente nascido e cultivado na Andaluzia, tornando-o apto para veicular o panegírico, numa época em que os tópicos da poesia clássica andavam um tanto desgastados.

O zejel aparece como uma renovação da poesia clássica que, em séculos anteriores, produzira grandes nomes como Ibn 'Abd Rabbihi (séc. IX-X), Ibn Ḥazm (séc. X-XI) e Ibn Zaydūn (séc. XI). As mudanças, porém, já haviam começado, desde os meados do século XI, com o surgimento e cultivo da *muwaxxaḥa*[2], uma forma poética escrita em árabe clássico, mas com medida rítmica diferente daquela que se observa na *qaṣīda*, a poesia clássica por excelência. A novidade da *muwaxxaḥa* consistiu em inserir, por vezes, algumas palavras ou versos inteiros es-

2. Em árabe, usa-se, além de *muwaxxaḥa*, os termos *muwaxxaḥ e tawxīḥ*. Aqui uniformizo-os na forma primeira.

critos ou no árabe vulgar da época ou no romance medieval, a língua supostamente falada pelos moçárabes cristãos, consistindo num primeiro e tímido prenúncio de vulgarização e popularização da poesia árabe, fundamentalmente classicista e aristocrática.

Ao "macular" a tão cara pureza lingüística da *qaṣīda*, o "bilingüismo" da *muwaxxaḥa* ensaia o que o zejel de Ibn Quzman levará ao extremo: fazer da língua popular o veículo mais apropriado para exprimir, num único texto, o cortejamento amoroso, a ironia e o panegírico, não importando mais se o endereçado no zejel fosse homem da corte ou comerciante, aristocrata ou plebeu.

Mais do que explorar o contraste lingüístico do bilingüismo, que de algum modo acusava a composição étnico-social da Andaluzia – muçulmanos eruditos e incultos, de ascendência oriental ou africana, moçárabes, judeus – o zejel elege o dialeto andaluz como um denominador comum daqueles povos: quase uma extensão de suas falas, embora o idioma expresso no zejel de Ibn Quzman tenha adquirido o foro de língua literária, conforme se constata da leitura do *Cancioneiro*, que não deixa de ter certos artificialismos na linguagem, indicativos do estatuto de língua literária. De uma forma ou de outra, todos se reconheciam nessa linguagem; o árabe que aí se ouve e lê tanto remete ao referencial clássico como ao vulgar, o oriental e o ocidental, já que o esforço do zejel visou, de mais a mais, substituir o papel desempenhado pela *qaṣīda* e pela *muwaxxaḥa* predecessoras. Como nestes gêneros, o verso de Ibn Quzman em geral obedece aos mesmos procedimentos: abre a composição com um prólogo amoroso, remata-lhe algum episódio narrativo e termina com um panegírico, no melhor estilo que uma preceptiva tradicional recomendaria a um bom poema árabe.

Quem soube como ninguém equacionar a questão, trazendo o clássico ao nível do popular foi, sem dúvida nenhuma, Ibn Quzman.

A fama do poeta durante a Idade Média cruzou a África chegando até o Oriente, nas terras da Síria, Palestina e Iraque, onde ele foi considerado, conforme sugerem as palavras grafadas no frontispício do manuscrito, como "a maravilha dos tempos". Corrobora o seu prestígio no Oriente o fato de o manuscrito do *Cancioneiro* de que dispomos hoje ser uma cópia feita na cidade palestina de Safad, um importante centro cultural da época, quase que um século depois da morte do poeta[3]. E, a julgar pelas datas de possessão ou leitura anotadas no manuscrito – 1259, 1274, 1284, 1539, 1727 e 1750[4] –, a obra, de fato, não parece ter caído no esquecimento absoluto, ainda que provavelmente nunca tivesse sido bem compreendida, tanto em épocas mais remotas como nos tempos mais avançados, pelos leitores orientais, estes cada vez mais raros à medida que o dialeto deixava de ser falado pelos andaluzes após a diáspora de 1610, quando Felipe III expulsa da Espanha os últimos mouros, até ao seu total desconhecimento em tempos mais recentes.

A vulgarização e o progressivo conhecimento lingüístico do *Cancioneiro de Ibn Quzman* (nome por que se conhece o livro do poeta), estes só se darão a partir do final do século passado. Os protagonistas desta história recente não serão tanto os árabes, mas os estudiosos europeus. Desta vez Ibn Quzman saía do Oriente, para onde havia ido, e voltava ao Ocidente, de onde partira. Esta mesma mudança tem feito do seu zejel um assunto dos mais polêmicos: é mais árabe ou ibérica a poesia deste *qurṭubī* (cordovês) que preferiu o dialeto andaluz, matizado pelo romance medieval, à língua clássica e "pura" do Alcorão, cultivada ainda hoje por todo o mundo árabe?

O *Cancioneiro de Ibn Quzman* é seguramente, entre os livros árabes divulgados em todo o mundo, a obra mais curiosa do ponto de vista da originalidade lingüística. As sempre badaladas *Mil e Uma Noites* rivalizam com ele nesse ponto. No caso destas, porém, a suposta vulgaridade lingüística primordial dos contos, predominante durante a fase de

3. O manuscrito terminou de ser copiado no dia 3 do mês de *ramaḍān* do ano 640 da Hégira, ou seja, em 18 de março de 1242. Para as questões relacionadas ao manuscrito, ver Emilio García Gómez, 1972: II, 930-931.

4. A cópia do manuscrito de que disponho não permite identificar estas datas citadas pelo arabista espanhol, *op. cit.*

transmissão oral, foi sendo atenuada à medida que o texto ia sendo escrito e editado, ao longo dos anos, a ponto de o árabe clássico vir a sobrepor-se ao árabe vulgar, só restando deste último alguns vestígios[5]. No caso do *Cancioneiro*, não: justamente por nunca ter sido uma obra de "domínio público", como as *Mil e Uma Noites* o foram, e por ter circulado entre grupos bem mais estreitos, tão logo extinta a civilização andaluza, a interferência do clássico se reservou a um e outro copista que se aventuraram a "corrigir" o que não entendiam da língua do manuscrito que tinham em mãos, enxertando no texto do *Cancioneiro* alguns classicismos que os editores modernos têm procurado retirar, na tentativa de restituir um possível "texto vulgar original" capaz de coadunar-se com as normas gramaticais e prosódicas do dialeto.

Além do lingüístico, outro aspecto que afeta as duas obras é a diversidade de sua filiação. No caso das *Noites*, apesar de a língua e o modo de organização da narrativa serem tipicamente árabes[6], prolifera a referência a hábitos persas e hindustanis. De um modo paralelo, o zejel de Ibn Quzman, mesmo que esteja escrito em árabe e retome alguns elementos da *qaṣīda* clássica cultivada, no Oriente, desde os tempos pré-islâmicos, é notável a recorrência aos romancismos ou mesmo a forma estrófica e polirrímica estranha à maior parte da lírica árabe, mas familiar ao antigo e suposto cantar paralelístico da Península Ibérica e à abundante lírica occitânica havida mais ou menos na mesma época (deixando-se de lado a polêmica em torno a estas datas) em que se produzem o zejel e a *muwaxxaḥa*.

As duas obras tiveram igualmente, nos últimos anos, uma trajetória peculiar: foram "reveladas" ao nosso tempo por europeus – se Antoinne

5. Note-se que os manuscritos mais antigos das *Mil e Uma Noites* contêm vulgarismos e frases inteiras em árabe dialetal. Contudo, diferetemente do *Cancioneiro*, todo em árabe-andaluz, o "dialeto" ali é mais ou menos padronizado (*standard*), cf., em árabe, M. Mahdi, 1984, e em português, M. M. Jarouche, 1996: 142-149.
6. Cf. N. N. Nabhan, 1990.

Galland, "funda" as *Noites* (no dizer de Borges[7]), é Victor von Rosen quem descobre o *Cancioneiro*... num museu da Rússia. Nesse ponto, porém, cada obra tomará um caminho distinto: as *Noites* foram reveladas, a árabes e europeus, na língua francesa, enquanto que o *Cancioneiro* foi dado a conhecer, ali e acolá, em árabe, mas num árabe, digase, transliterado em letras latinas.

A transliteração do texto do *Cancioneiro* ao sistema gráfico latino mostrou-se um recurso conveniente para precisar, aos estudiosos árabes "ocidentais", a leitura do texto dialetal escrito com os caracteres próprios do árabe clássico, muitas vezes incapazes de dar conta da fonologia peculiar do dialeto andaluz[8]; foi uma espécie de mediação entre a modernidade e o texto medieval, ou aquilo que eu prefiro chamar de "semitradução", algo como uma chamada prévia à necessidade de uma língua interferir na outra. Junto à transliteração, vieram as traduções. O mesmo que editava traduzia. Se a transliteração definia o texto árabe para o arabista editor e tradutor, a tradução evidenciava os caminhos seguidos pelo editor durante a transliteração: é que para o estabelecimento do texto árabe, os editores precisaram de uma hipótese que pudesse servir, ao mesmo tempo, de premissa e comprovação; essa hipótese foram as diferentes teses métricas e lingüísticas levantadas pelos estudiosos para entender o dialeto andaluz e depurar o *Cancioneiro* das correções classicizantes do(s) copista(s).

Desse exercício resultou o que se conhece hoje por *O Cancioneiro de Ibn Quzman*. O que se editou e se traduziu desse poeta não deixa de ser variações da interpretação do nosso tempo, marcadas por critérios – às vezes mais, outras vezes menos – científicos, nunca livres do sub-

7. Cf. "Os Tradutores das 1001 Noites", 77-78.
8. Ressalva seja feita à mais recente edição de Federico Corriente, totalmente em árabe, à qual, infelizmente, só tive acesso após a conclusão deste estudo. A referência dessa obra é CORRIENTE, Federico. *El Cancioneiro hispano-árabe de Aban Quzmán de Córdoba*. El Cairo, Consejo Superior de Cultura, 1995. Uma resenha dela se encontra no prelo da revista *Signum* I, da ABREM – Associação Brasileira de Estudos Medievais, a sair em julho de 1999.

jetivismo; são, por isso mesmo, um produto da tradução, no amplo sentido deste termo.

Esta obra visa a apresentar as questões centrais sobre a poesia de Ibn Quzman: a edição, a tradução e a interpretação crítica. Num primeiro momento são apresentados os problemas ligados à história do estudo do *Cancioneiro* e as questões relacionadas à poesia do século XII, particularmente o zejel quzmaniano. Em seguida, são feitas algumas considerações gerais sobre a postura e a interpretação dos editores e tradutores, para então se propor uma prática de tradução – a primeira em língua portuguesa – de três zejéis de Ibn Quzman, revelados na sua multiplicidade: o texto árabe manuscrito, o texto árabe editado, o texto árabe transliterado e o texto português traduzido. Que este último possa configurar o que entendo ser o texto árabe de Ibn Quzman, confesso, foi, desde o início, minha aspiração. As sugestões, sempre esperadas, para melhoramento deste estudo são, desde já, muito bem-vindas.

* * *

Agradeço o apoio recebido de colegas, amigos e familiares, a ajuda do CNPq e, em especial, a colaboração dos Departamentos de Letras Modernas (Espanhol) e Línguas Orientais (Árabe) da Universidade de São Paulo, particularmente Jorge Schwartz, Mamede Mustafa Jarouche e Safa Alferd Abou Chahla Jubran; Ana Maria Alfonso-Goldfarb, da PUC-SP; e, em Madri, Miguel Ángel Moratinos, do Instituto de Cooperación con el Mundo Árabe, bem como Paz Fernández, da Biblioteca Islámica "Félix María Pareja". Agradeço sobretudo, a presteza do arabista espanhol, o eminente Professor Federico Corriente Córdoba que, da Espanha, leu e precisou em vários pontos o texto da dissertação de Mestrado, concluído em novembro de 1995, que serviu de base para este livro. A Haroldo de Campos, incentivador dos estudos em tradução em nosso país, intelectual colega e amigo, agradeço e dedico estas páginas.

Quzmanologia

NO PRINCÍPIO FOI O ZEJEL

Na segunda metade do século passado, um hispanista alemão de nome Adolf Friedrich von Schack dedicou um estudo à *Poesia e arte dos árabes na Espanha e na Sicília*[1], uma espécie de antologia crítica (a primeira no gênero) com poemas traduzidos, comentados e agrupados pelo autor, segundo a orientação temática dos "cantos": "de amor", "de guerra", "báquicos", etc, com uma ênfase ainda em alguns dos grandes nomes da poesia árabe-andaluza.

Schack percebeu que, independentemente da variedade de épocas, autores e temas, os poemas árabes apresentavam características comuns: eram todos escritos e metrificados segundo as conhecidas normas da língua e da prosódia clássicas e, quanto à forma, eram na maioria das vezes longos, sempre estíquicos, isto é, sem estrofes, e tinham uma só rima do primeiro ao último verso. Mais ainda: eram designados por um nome

1. *Poesía y arte de los árabes en España y Sicilia*. Cito pela tradução de Juan Valera, reeditada recentemente pela Editorial Hiperión, Madrid, 1988.

genérico, *qaṣīda*, ou *qaṣā'id* no plural, designação essa que fazia remontar aos primeiros poemas que se sabem escritos em árabe, conhecidos como *qaṣā'id ajjāhiliyya*, ou seja, poemas do período anterior ao Islão (século VII).

De fato, se, na *jāhiliyya*, a *qaṣīda* pôde significar "panegírico" ou "poema em propósito de alguém" (eram sempre endereçados), nas gerações futuras o termo passava a referir, indistintamente, qualquer texto poético concebido nos moldes clássicos, ou seja, longo, estíquico, monorrimo e com um dos dezesseis ritmos do *'arūḍ*, a métrica definida no Oriente desde o século VIII.

Contudo, mais adiante, o arabista reserva todo um capítulo a um tipo singular de poesia árabe, que começa assim: "Ao lado da poesia erudita tiveram os espanhóis muçulmanos, sem dúvida nenhuma, uma *poesia popular*"[2].

A novidade residia nesse "popular", cujo material poético era inacessível ainda para Schack. É que os códices contendo esse tipo de poesia não eram conhecidos na época. Ele tinha nas mãos, isto sim, dois livros importantes da Idade Média: os *Analectes* de Maqqarī (Andaluzia, m. 1631), editados por Dozy (Leyden, 1855), e os *Prolegomènes* de Ibn ḵaldūn (Tunísia, m. 1406), editados por Quatrèmere (Paris, 1958), que traziam informações valiosíssimas. A partir deles, Schack ensaiou uma descrição, incipiente, é verdade, desses gêneros, mas bem pontuada:

> Pertencem... ao gênero popular duas espécies de cantares, que na Espanha estiveram em moda e que foram cultivados com extraordinário afã: o *zejel*, ou *hino sonoro*, e a *muwaxxaḫa sic*, ou *cantar do cinturão. O signo característico que os distingue está na forma. Consiste esta em que a rima, ou combinação de*

2. Schack, 1988: 247. Grifo meu. Note-se que Schack, assim como outros arabistas posteriores, fazem retroceder os termos "Espanha" ou "espanhóis" para antes do século XV, quando o mais correto é usar Andaluzia, ou a lição árabe *al-Andalus*, e andaluzes, portanto, ao invés de espanhóis mulçumanos.

rimas, da primeira estrofe, é interrompida por outras rimas; mas volta ao fim de cada estrofe, fazendo a terminação do todo[3].

De fato, os traços formais das "espécies" zejel e *muwaxxaḩa*, isto é, o estrofismo e a polirrimia, caracterizavam um novo gênero poético, que se opunha à *qaşīda* estíquica e monorrima. O novo gênero, contudo, podia ainda ser dividido em outros dois, à medida que

os cantos deste tipo [o zejel] *que se conservaram estão escritos em dialeto vulgar, e geralmente não guardam na metrificação as leis da quantidade, tão severamente observadas na poesia culta ou erudita*[4].

O zejel, dialetal, diferenciado da *muwaxxaḩa* e da *qaşīda* escritas no árabe clássico, aparentava ser, aos juízos do século passado, *o gênero popular por excelência da poesia andaluza* e, hipoteticamente, por isso talvez o mais distanciado das cortes cultas e eruditas. Schack estava seguro: "Que o zejel pertence à poesia do povo é coisa certa"[5].

O "fato" popular teria causado, também, certa sensação. O próprio Schack, ainda, vai-se adiantar, em algumas décadas, aos futuros "comparatistas" europeus. No capítulo em que ele considera "A poesia dos árabes em suas relações com a poesia dos povos cristãos da Europa"[6], o arabista cita alguns trechos ou textos integrais de zejéis e *muwaxxaḩāt* (plural de *muwaxxaḩa*), em árabe e em castelhano, para ensaiar a complicadíssima pergunta que seus sucessores iriam debater ainda hoje sem trégua: qual a relação no Medievo – se de fato houve – entre a poesia (estrófica) árabe-andaluza e a lírica européia em língua

3. *Idem*, 250. "Hino sonoro" e "cantar do cinturão" são explicitações semânticas do árabe *zajal* e *muwaxxaḩa*. Grifo meu.
4. *Idem*. Grifo meu.
5. *Idem*.
6. *Idem*, 275-308.

romance?[7]. Vizinhas, contemporâneas, eram ambas nascidas sob a égide da língua e da cultura mistas e... anticlássicas.

Descobrir os códices árabes seria uma questão de tempo: primeiro o manuscrito do *Cancioneiro de Ibn Quzman*, com seus *zejéis* em língua vulgar; depois as *muwaxxaḫāt* em árabe clássico e hebraico, de tom mais classicista em princípio, mas que logo pareceriam instigantes, pelas *ḵarajāt*, ou "codas", que traziam embutidas no final da composição, escritas, algumas vezes, em língua romance. A todos seriam feitas as mesmas perguntas: qual era a origem dessa poesia? qual era o "princípio" que regia sua prosódia? e que repercussão tiveram no Ocidente cristão? Quem mais tinha elementos para responder a essas questões era o *Cancioneiro de Ibn Quzman*.

O Cancioneiro

O conhecimento do *Cancioneiro* (*Dīwān*) *de Ibn Quzman* vai-se dar somente no ano de 1896, através da reprodução facsimilar do manuscrito, intitulada *Le Divan d'Ibn Guzman. Fasc. I: Le texte d'après le manuscrit unique du Musée Asiatique Impérial de St. Pétersbourg* (Berlim, S. Calvary & Cia., 1896). O editor do manuscrito, o primeiro apaixonado pelos assuntos ligados ao que mais tarde os espanhóis chamariam

7. São palavras de Schack: "Canciones que en su estructura sean como éstas de que hablamos [zejéis e *muwaxxaḫāt*], no he llegado a verlas ni en los trobadores ni en los antiguos poetas franceses. Con todo, si se hallasen entre sus obras canciones parecidas [*mais tarde foram encontradas*], yo afirmaría que habrían tomado su forma de donde los españoles la han tomado. Nadie ignora cuánto comercio había entre la Francia meridional y las comarcas españolas cercanas a los Pirineos, y cuántos poetas y juglares de Provenza anduvieron, no sólo por Aragón, sino también por Castilla, y cuánto han imitado de éstos los del norte de Francia. Este género de composiciones, tan predilecto entre los musulmanes de España, pudo tanto más fácilmente ser conocido de los provenzales, cuanto que también los judíos hicieron versos en forma de *zejel* y de *muwaxxaḫa*, y se sabe, por el *Itinerario* de Benjamín de Tudela, las muchas y frecuentes relaciones que había entre los israelitas de España y los del sur de Francia." (1988: 293).

de "quzmanologia"[8], foi o Barão David de Gunzburg, um industrial judeu que chegou a ter o projeto, malogrado, de dar "texto, tradução e comentário, enriquecido por considerações históricas, filológicas e literárias, sobre os poemas de Ibn Guzman [Quzman], sua vida, seu tempo, sua língua e sua métrica, além de um estudo sobre o árabe falado na Espanha durante o século VI da hégira, relacionado com os dialetos árabes usados hoje e com os idiomas da Península Ibérica"[9]. A primeira edição, ainda que em forma precária, aparecerá somente em 1933, a cargo do tcheco Alois Richard Nykl, de quem falaremos em momento oportuno.

Na verdade, o projeto de Gunzburg "respondia" a uma solicitação anterior, feita por seu professor de árabe, o Barão Victor von Rosen, o primeiro[10] do nosso tempo a revelar a existência do *Cancioneiro*.

Era o ano de 1881. Victor de Rosen havia examinado a coleção de manuscritos árabes do Museu Asiático de São Petersburgo, dentre os quais aparecia o de Ibn Quzman, levando o n. 122. A coleção, caríssima, tinha sido adquirida pelo governo da Rússia, em 1819 e 1825, por indicação de um renomado francês, o Barão Silvestre de Sacy, um dos fundadores do orientalismo[11] europeu no final do século XVIII. Antes, a coleção estava em Trípole, na atual Líbia, onde pertencera a um estudioso e colecionador de códices, de sobrenome Rousseau, filho de um cônsul francês em Alepo e Bagdá, durante os anos da Revolução Francesa[12]. Na sua catalogação do manuscrito, Rosen referiu-se a ele como "um desses

8. Cf. Federico Corriente Córdova, 1984: 12.
9. Cito a partir do estudo de Emilio García Gómez, 1972: 932.
10. Contudo, até onde sei, o primeiro a mencionar Ibn Quzman foi o próprio Adolf Friedrich von Schack, na citada obra, na página 289-290: "Refere (Ibn ḵaldūn) que Ibn Quzman, natural de Córdova, mas que freqüentemente residia em Sevilha, passeava em certa ocasião pelo Guadalquivir com muitos amigos. Estes se deleitavam pescando. No barco havia uma moça bonita. Um deles propôs aos demais que improvisassem um *zejel* sobre sua situação". Mais adiante Schack dá, em tradução, uma parte do poema coletivo.
11. Cf. Edward W. Said, 1990, a respeito do orientalismo europeu.
12. Cf. Emilio García Gómez, 1972: II, 931-932. Para uma descrição completa do manus-

que mais merecem ser estudados e publicados. *A tarefa está longe de ser fácil; demanda conhecimentos bem especiais, o costume dos autores árabes da Espanha*"[13].

Para essa tarefa, ele sugeria aos futuros estudiosos (como Gunzburg, por exemplo) que tivessem tido antes "*uma longa estada no Oriente e estudado conscienciosamente os dialetos que se falam hoje, sobretudo aquele do Marrocos*"[14].

Com o passar do tempo, a "dificuldade" percebida por Rosen passaria a ser uma questão de problemática – ou mesmo de problemas.

Apresentados à Europa como representantes dos mais fidedignos de uma "Espanha muçulmana" e, ao mesmo tempo, como um caso à parte das letras árabes clássicas, Ibn Quzman e seu *Cancioneiro* seriam tomados, desde o seu descobrimento até os dias de hoje, "sobretudo por seu caráter de elo das culturas romance e islâmica da Andaluzia"[15]. Tudo em poeta e obra convidava a relacionar Oriente e Ocidente. A começar pela língua.

PROBLEMÁTICA

Língua e Grafia

Para escrever o dialeto andaluz do seu tempo, Ibn Quzman se valeu de um sistema ortográfico que, na época, era o mais prestigiado em todo o *Dār al -Islām* "mundo islâmico"[16]: o sistema árabe, próprio da escrita

crito e para a história deste até a data de sua publicação, ver Apêndice VI da citada obra, II, 925-934.

13. Cito a partir de Alois Richard Nykl, 1946: 266, por não ter tido acesso a esta bibliografia. Grifo meu. Quanto ao uso do termo "Espanha", ver nota 2, *supra*.
14. *Idem*. Grifo meu.
15. Federico Corriente, 1980: 7.
16. Literalmente, "casa do Islão", conforme emprego de Charles-Emmanuel Dufourcq, 1990: 15

erudita, oficial e religiosa dos muçulmanos. Acontece que esse sistema foi estabelecido em função do árabe clássico, razão por que, especialmente nos traços comuns com este, a língua refletida pelo zejel de Ibn Quzman parece oscilar entre clássica e vulgar. O poeta, adotando uma prática comum à sua época, teria feito os ajustes necessários na ortografia para adaptar a escrita árabe às feições do seu dialeto[17].

Acontece, porém, que a cópia do *Cancioneiro* de que dispomos hoje não saiu das mãos de Ibn Quzman, mas de um copista palestino da cidade de *Ṣafad*, oitenta e dois anos depois da morte do poeta. Não entendendo o dialeto andaluz, o copista teria alterado o mansucrito naquelas passagens em que lhe parecia haver erros. Ou seja, partindo de um texto estranho – no léxico, na sintaxe, na morfologia, na métrica –, ele nos lega um texto mais "correto"... da sua perspectiva classicista.

Daí a dificuldade inicial para a leitura do *Cancioneiro*. Antes de tudo, urgia que se conhecesse a gramática do dialeto andaluz, para se poderem depois restaurar as alterações do copista, ou de quantos tenha havido antes dele. Mas, como neste caso, tratava-se de texto poético, visivelmente regido por uma métrica, o estabelecimento do texto teria de passar, também, por uma definição dos metros, já que, na poesia árabe, a língua se submete religiosamente às exigências versificatórias, ao ponto de limiar a expressão artificial[18].

Métrica: Um Caso de *'Arūḍ*?

Na introdução do *Cancioneiro*, escrita por Ibn Quzman no árabe clássico e no estilo elegante da prosa rimada, o poeta declara usar um *'arūḍ*. No árabe clássico, o *'arūḍ* se refere à métrica definida por Ḵalīl,

17. Ver, adiante, "A Língua do Zejel de Ibn Quzman", o item Fonologia: 2.
18. Cf. 'Abd at-Tawwāb, 1980: 155-162. Em atendimento aos dezesséis metros definidos por Ḵalīl, evita-se a sucessão no verso de três sílabas de medida breve e está proibida a seqüência de quatro ou mais sílabas dessa medida, mesmo que ocorram entre um pé e outro. Na prosa, inclusive na prosa elegante como a do Alcorão, isso tudo é possível.

no século VIII, e ampliada mais tarde pelos poetas *muḥdaṯūna* "modernos" da Síria e do Iraque, durante o período abássida.

Porém, o prefácio insiste em afirmar que o zejel deve ignorar o *i'rāb*, isto é, a declinação das palavras por exigências morfossintáticas, resultante de regras precisas que indicam, no árabe clássico, o caso do nome e o modo do verbo. Interpretada ao pé da letra, a ausência do *i'rāb* implicaria a redução drástica do número de sílabas breves da língua, o que praticamente tornaria inviável a aplicação dos metros clássicos[19]. Contudo, as recomendações de Ibn Quzman dentro do prefácio não pareciam tão categóricas dentro da poesia, porque nem o poeta parece ter abolido de vez o sistema de desinências, nem parecia possível aplicar as severas regras do *'arūḍ*, na hora de se medirem os zejéis do *Cancioneiro*, sem que avultassem as irregularidades.

O paradoxo antevisto levava a se pensar em duas possibilidades: que Ibn Quzman ignorava a matéria da qual falava, fato muito pouco provável, uma vez que, além de escrever em árabe vulgar, o poeta parecia dominar muito bem o clássico, haja vista, além do prefácio, outros versos clássicos atribuídos a ele[20]; ou então que o poeta se referia a um *'arūḍ* e, por extensão, um *i'rāb* distintos, outros que não os habituais; neste caso, por que o poeta não explicitava sua novidade?

De uma forma ou de outra, à obscuridade inicial da língua somava-se agora o problema da métrica: estando escrito em árabe vulgar e prescindindo, ainda que hipoteticamente, das vogais desinenciais, como conceber o zejel com um *'arūḍ* clássico? Seria o caso de se pensar um novo sistema métrico para a poesia árabe?

19. Como exemplo, tome-se este caso com e sem *i'rāb*, respectivamente: /naxada al-xā'iru qaṣīdatan limawlāhi/ e /naxad al-xā'ir qaṣīda limawlāh/. Na versão com *i'rāb*, há 9 sílabas de medida breve, enquanto que na outra, somente 4. Federico Corriente, num estudo de 1976, fez um levantamento da incidência percentual, no *Cancioneiro de Ibn Quzman*, de sílabas breves e longas; seu estudo estatístico indicou uma proporção aproximada de 30 sílabas breves para 70 longas, quando a proporção ideal para aplicar a métrica clássica seria aproximadamente de 44 para 56. Cf. Corriente, 1980: 77, nota 20.
20. Emilio García Gómez, 1972: 899-908.

Uma Tese Hispânica

Ao lado da tese tradicional, a chamada "quantitativa", que insistia em explicar o ritmo do zejel pelas normas da prosódia árabe clássica, surge, na segunda década do nosso século, uma tese "hispânica"[21], precursora da "silábico-acentual". Seu primeiro formulador, exceptuado Schack, foi um arabista ilustre da Espanha, *don* Julián Ribera y Tarragó, cuja formulação de base consistiu em que

> O sistema [métrico] de Abencuzmán [Ibn Quzman] é silábico, e não o clássico dos pés; o acento devia substituir a quantidade[22].

A premissa de Ribera vai tentar localizar o ritmo do zejel não através do sistema árabe dos pés, que supõem unidades de medida longa e breve, mas na combinação de sílabas átonas e tônicas, em obediência ao acento rítmico. Seus defensores se teriam perguntado: se o zejel, fruto de solo ibérico, demonstrava ignorar as normas clássicas ao desrespeitar as desinências sintáticas, por que não medir a poesia de Ibn Quzman com os modelos rítmicos próprios da poesia romance?

O traço pretensamente "espanhol" do *Cancioneiro de Ibn Quzman* não seria percebido sem um certo alarde[23]. Em 1912, passados seis anos desde a divulgação do manuscrito, o próprio Julián Ribera chegaria a sentenciar, no seu famoso *Discurso* lido ante a Real Academia Espanhola:

> A chave misteriosa que explica o mecanismo das formas dos vários sistemas líricos do mundo civilizado na Idade Média está na lírica andaluza, à qual pertence *O Cancioneiro de Abencuzmán* [sic][24].

21. Emilio García Gómez (1972: III, 22-23) alerta que Ribera se referia ao sistema métrico de Ibn Quzman ainda como "não-árabe". No entanto, os seguidores de Ribera, como o próprio García Gómez, têm interpretado o adjetivo já como "romance".
22. Cito a partir de García Gómez, 1972: III, 22, conforme dito em nota posterior.
23. Cf. M. Rodrigues Lapa, 1981: 40-42.
24. Cf. Nykl, 1946: 266-267. O discurso, intitulado "El Cancionero de Abencuzmán", anun-

Como se vê, Ibn Quzman seria tomado para ilustrar uma questão de interesse maior: o problema das origens da lírica européia. Para Julián Ribera e os futuros seguidores da tese hispânica para explicar a métrica do zejel – Alois Richard Nykl, Ramón Menéndez Pidal[25] –, a poesia de Ibn Quzman fazia parte de um movimento mais abrangente da expressão hispânica, sempre anterior, no tempo, às demais manifestações românicas[26]. Ora, o elemento que influenciara o pensamento artístico e filosófico da Europa não seria outro senão o "andaluz": na sua versão madura, resultante da mescla dos três segmentos que compunham a Andaluzia – cristãos, judeus e muçulmanos – e num período – séculos XI-XII – em que o prestígio dessa cultura extrapolava as fronteiras ibéricas. Obras científicas da Andaluzia eram traduzidas para o latim, do mesmo modo como se conheciam os contos orientais e se ouviam cantar, muito apreciadas por toda a Europa, as cantoras andaluzas, continuadoras de uma tradição remota, a das *puellae gaditanae* na Roma de Tito e Trajano[27].

Seria a época de Ibn Ḥazm de Córdova (séc. XI), autor do *Ṭawq al-ḥamāma* "Colar da pomba", um famoso tratado sobre o amor e os amantes, uma espécie de aclimatação andaluza dos modelos bagdalis de amor cortesão refinado, cuja tônica é o aspecto espiritual de compleição me-

ciado em 26 de maio de 1912, aparecerá incluído, depois, nas *Disertaciones y opúsculos: 1887-1927*. Madrid, 1928: I, 3-92, cf. García Gómez, 1972: II, 950. Infelizmente, não tive acesso a esta obra fundamental, motivo por que me valho dos comentários a ela referentes, bem como de suas citações, colhidos a partir das obras de Emilio García Gómez (1972), James T. Monroe (1974), Josep Maria Solá-Solé (1990), M. Rodrigues Lapa (1929, 1981), Alois Richard Nykl (1946) e Ramón Menéndez Pidal (1963).

25. Alois Richard Nykl, 1946; Ramón Menéndez Pidal, 1963. Ver Bibliografia.
26. Cf. M. Rodrigues Lapa, 1981: 32-58. O autor salienta que, somada às "razões de ordem literária e sentimental: o exotismo da cultura romântica [séc. XIX], o prestígio, a rareza das requintadas coisas do Oriente", a anterioridade da cultura andaluza teria sido um dos argumentos principais da tese arábica. Vale notar que, logo, o problema das origens da lírica medieval teve alguma relação, na Espanha, com o problema da definição da "hispanidade". Ver Américo Castro, 1954, e Claudio Sánchez-Albornoz, 1956 e 1960. Ver, também, Luce López-Baralt, 1989: 29-33.
27. Cf. Ramón Menéndez Pidal, 1963: 7-78.

lancólica[28], do amor[29]; época também da aparição (séc. X) e da consagração (séc. XI) da poesia estrofica, com suas versões musicais, acompanhadas de instrumentos, coro, canto e dança.

Na Europa do além-Pirineus, concebido com música e nas formas do zejel andaluz, o tema do amor espiritual aparece, nos zejéis dos primeiros trovadores da Provença – Guilherme IX, Cercamon, Marcabru, Peire d'Alvernhe, Jaufre Rudel (séc. XI e XII) – e, algo mais tarde, em Castela, nas *Cantigas de Santa María* de Afonso X, o Sábio (séc. XIII) e no *El libro de buen amor* do Arcipreste de Hita (séc. XIV), bem como, na Itália, no *Laudario* de Jacopone Todi (séc. XIII), discípulo de São Francisco de Assis[30].

A metodologia e os argumentos empregados pelos defensores da tese arábica para a explicação das origens líricas da Europa seriam, depois, duramente combatidos por novas teses que apontariam outras fontes para o lirismo europeu[31]. No entanto, a teoria "hispânica" do zejel, a que se volta ao caso específico da poesia representada por Ibn Quzman, esta sim fortalecer-se-ia, apoiada na descoberta das *karajāt* romances, que vinham acopladas a poemas árabes e hebraicos da Andaluzia e datavam de "uma época ainda muito primitiva das línguas e literaturas hispanas e romances em geral"[32].

28. Cf. Ramón Mujica Pinilla, 1990: 47.
29. Cf. García Gómez, 1985: 52-89.
30. Para as relações temático-formais entre a poesia árabe-andaluza e a occitânica, ver Nykl, 1946: 371-411. Vale ressaltar que mais da metade das laudes de Jacoponi Todi e a grande maioria das Cantigas de Santa Maria seguem a forma do zejel, enquanto que nos cancioneiros provençais, são pouquíssimos os textos que adotam essa forma, ficando restritos aos trovadores mais antigos.
31. Cf. M. Rodrigues Lapa, 1981: 41. Esta obra apresenta um resumo das teses arábica e suas oponentes, a litúrgica e paralitúrgica, a dos médio-latinistas e a folclórica entre as páginas 31e 108.
32. Cf. Josep Mª. Solá-Solé, 1990: 7. Esta obra contém um resumo atualizado sobre os estudos relacionados com as *karajāt* romances. Além disso, as *karajāt* são editadas, vocalizadas, anotadas e traduzidas pelo autor, que as faz acompanhar de uma tradução espanhola das respectivas *muwaxxaḥāt*, originalmente em árabe ou hebraico. Para somente aquelas em textos árabes, apresentadas com o texto original transliterado com

K̲arja: Tempero Romance

Última estrofe de *muwaxxaḥa*:

ammā wad-dunyā
ḥusinat bimarllāhu
mā-lmajdu ḥayyā
kasanā muḥayyāhu
faltunxid 'lulyā
bisiḥri sajāyahu

k̲arja

ben yā xaḥḥārā	Vem, oh feiticeiro:
alba que extā kon bal fogore	uma alba que está com ardor
kand bene piḏe amore	quando vem pede amor

(Ibn Mu'allim. Sevilha, primeira metade do século XI)[33].

Na mesma época em que começava a circular a edição fototípica do *Cancioneiro de Ibn Quzman*, puderam ser conhecidas muitas *muwaxxaḥāt* árabes, a maioria delas de período tardio, graças ao trabalho de Martin Hartmann[34]. Na sua obra *A Poesia Árabe Estrófica: I. A muwaxxaḥa*, vinha incluída a tradução de um estudo breve sobre este gênero, da autoria do egípcio Ibn Sanā' al-Mulk (séc. XIII).

letras latinas e traduzido em calco rítmico-rímico para o espanhol, ver Emilio García Gómez, 1990. Para um estudo sobre a história da *muwaxxaḥa*, os problemas relacionados com sua estrutura, bem como outros temas afins, ver Samuel Miklos Stern, 1974. Mais recentemente esta matéria vem recebendo, uma constante revisão da parte do americano James T. Monroe e do espanhol Federico Corriente.

33. In Emilio García Gómez, 1990: 125-131e Josep Mª. Solá-Solé, 1990: 60-62. Eis a tradução de Solá-Solé para os versos árabes: "Pero dado que el mundo / se ha embellecido al verle, / la gloria no ha podido vivir / como el brillo de su rostro. / Así pues, canta, oh gloria / debido al hechizo de sus prendas:". Vale lembrar que a leitura desta aljamia é só hipotética.

34. Cf. Samuel Miklos Stern, 1974: I. A referência a esse trabalho de Hartmann é HARTMANN, Martin. *Das arabische Strophengedicht – I. Das Muwaxxaḥ* (Berlim, Weimar, 1897).

Esta preceptiva informava que a *ḵarja*, literalmente "saída", um remate posto no final da última estrofe da *muwaxxaḥa*, tanto podia estar em língua árabe como em língua aljamiada, isto é, em romance escrito com caracteres árabes. E mais: que a *ḵarja* era o "tempero", o "sal" do poema; apesar de aparecer no final, tinha de ser feita anteriormente, já que ela era a "base" sobre a qual o poema seria construído[35]. Contudo, aquelas *ḵarajāt* especialmente em língua romance, cujos espécimes mais antigos que se conhecem remontam aos começos do século XI, só seriam encontradas muito tempo depois, nos meados deste[36].

Enquanto isso, o *Cancioneiro de Ibn Quzman* ia sendo mais bem conhecido pelos estudiosos europeus, através da edição em letras latinas feita, em 1933, por Alois Richard Nykl[37].

Apesar de não ter resolvido a maior parte dos problemas apresentados pelo texto do *Cancioneiro*, a transliteração latina de Nykl, acompanhada de uma tradução parcial para o espanhol, teve o mérito de pôr em evidência a dicção do texto vulgar, em vários aspectos estranha à do árabe clássico, bem como alguns dos termos e expressões que pareciam

---

35. Cf. o texto árabe deste trecho do *Dār aṭṭirāz*, de Ibn Sanā' al-Mulk, e a tradução inglesa incluídos, por L. P. Harvey, no livro póstumo de Samuel Miklos Stern, 1974: 33-34; 158-160.
36. O século XI é considerado o período clássico da *muwaxxaḥa*. Foi Samuel Miklos Stern quem anunciou "Les vers finaux en espagnol dans les *muwaxxaḥa* hispano-hébraïques. Une contribution à l'histoire du *muwaxxaḥ* et à l'étude du vieux dialecte espagnol 'mozarabe'"; este artigo apareceu na revista espanhola de estudos árabes *Al-Andalus*, XIII, 1948, pp. 299-436. Mais tarde o artigo foi incluído na póstuma *Hispano-Arabic Strophic Poetry*, obra selecionada e organizada por L. P. Harvey (Oxford, 1974: 123-160). Valho-me desta obra como referência. Um pouco depois de Stern, Emilio García Gómez publicou as "Veinticuatro *ḵarja*s Romances en *Muwaxxaḥa*s Árabes", também na revista *Al-Andalus*, XVII, 1952, pp. 57-127. Não tive acesso a esta obra; contudo, consultei sua obra de 1965, posterior e mais completa, *Las jarchas romances de la serie árabe en su marco* (Madrid, Alianza, 1990). Seguiram-se, mais tarde, outras descobertas. Ao todo, são conhecidas 64 *ḵarajāt* romances em 77 poemas árabes e hebraicos; desse total, 38 delas se encontram em 51 textos árabes (Josep Mª. Solá-Solé, 1990: 9, 40).
37. Cf. Alois Ricard Nykl, 1946: 266. A referência do livro é: NYKL, Alois Richard. *El Cancionero del Xeiḵ nobilísimo visir, maravilla del tiempo, Abū Bakr ibn 'Abd al-Malik Aben Guzmān*. Madrid, Public. de las Escuelas de Estudios Árabes de Madrid y Granada, 1933.

ter uma procedência claramente romance[38]. A partir de então, podia-se falar numa "poesia nascida para ser cantada no meio de um povo [...] bilíngüe"[39], ou mesmo escutar a voz de Ibn Quzman vinda das ruas de Córdova para "ser plenamente entendida pelos ocidentais"[40].

Era tamanha a expectativa em torno do espanholismo do poeta que a descoberta das *ḵarajāt* romances foi como que um último ingrediente que faltava para a definição da tese hispânica: para esta, assim como, outrora, para a *muwaxxaḫa*, a *ḵarja* romance teria sido "o sal, o açúcar, o almíscar e o âmbar", o tempero (*ibzār*) imprescindível na receita de Ibn Sanā' al-Mulk[41].

Já não havia dúvidas, para os estudiosos da época, sobre uma "Espanha" miscigenada, no mínimo bilíngüe, já que os setores eruditos saberiam não só o romance e o andaluz, como o árabe clássico, o hebraico e o latim[42]. E, por trás dessa certeza, uma outra que nos interessa aqui, a que considera a poesia andaluza, nos anos avançados de reino islâmico, cada vez menos árabe e mais... espanhola. O pensamento teria sido este:

> Se a *ḵarja* romance (séc. X e XI), enxertada na *muwaxxaḫa*, data de uma época anterior às primeiras manifestações líricas da Europa medieval (séc. XII)... não é de se supor que tenha havido na Espanha (Andaluzia) uma poesia antiga, herdeira da tradição vulgar da Romània, e que ela tenha, num determinado momento, "arejado" a poesia árabe, livrando-a da obrigação da rima única, do verso e do poema longos, fazendo surgir, no século IX, a *muwaxxaḫa* de língua híbrida?

38. Para os futuros editores do *Cancioneiro*, a edição *princeps* deste "pertinaz quzmanólogo", ainda que tenha sido "rudimentar" (Federico Corriente, 1984: 17) e "falha", ela lhes pareceria "estimulante" e lhes teria servido como "um bom elemento de estudo" (Emilio García Gómez, 1972: II, 949-950).
39. Ramón Menéndez Pidal, 1963: 26.
40. Emilio García Gómez, 1945: 120: "De pronto, suena *una voz en la calle*: la voz de *Aben Guzmán*. Por fin, entre los blancos callejeros de Córdoba canta una voz alegre y desenfadada, caliente e irónica, que puede ser plenamente entendida por los occidentales".
41. Cf. texto árabe em S. M. Stern, 1974: 159-160.
42. Cf. S. M. Stern, 1974: 207. Ver, ainda, nota 2, *supra*.

E o zejel, mais tarde (séc. XI), não seria uma evolução natural daquela, com uma generalização dessa hibridez ao longo do poema; não teria ele adotado a língua vulgar andaluza justamente por querer romper com a poética do Oriente? E, por extensão: não seriam a estrofe, a variação de rimas, o poema breve e o próprio ritmo do zejel, enfim, inspirados nos modelos dessa poesia remanescente, a *k̲arja*, que se revelava, agora, nas *muwaxxaḫāt* mais antigas?

A Contribuição de Emilio García Gómez

A idéia de adoção, pelo verso árabe, dos modelos prosódicos da poesia romance fará surgir, em 1972, uma tese intitulada "silábico-acentual", um estágio avançado da tese hispânica inicialmente preconizada por Ribera (1912) e ventilada por Schack (1865).

Deixando de lado as possíveis relações entre a Andaluzia e a Europa, esta tese irromperá convicta da idéia de que a poesia estrófica andaluza[43] – o zejel, a *muwaxxaḫa* e a própria *k̲arja* – teria obedecido à lei do acento rítmico domiciliado nos limites da sílaba, a exemplo da antiga "literatura romanceada"[44] de "estilo tradicional"[45], que culminou, em época posterior, nos zejéis e *villancicos* castelhanos (séculos XIII-XVII). A novidade desta tese com relação à sua precursora foi a apresentação "detalhada, argumentada e perfilada"[46] a cargo de seu defensor principal, *don* Emilio García Gómez, no "mais completo tratado de 'quzmanologia' "[47], o, em três volumes, *Todo Ben Quzmān* (Madrid, Gredos, 1972).

García Gómez, que, desde 1950, vinha-se dedicando ao estudo textual e métrico das *k̲arajāt* romances junto de suas respectivas

43. Emilio García Gómez (1990: 75-76) se refere à *k̲arja* como "um terceiro tipo de poesia arábigo-andaluza", ao lado das estrofes zejelescas (zejel e *muwaxxaḫa*) e da poesia clássica.
44. Cf. Julián Ribera y Tarragó in E. García Gómez: 1990: 67.
45. Cf. Ramón Menéndez Pidal, 1945a., 1963.
46. Cf. opinião de Federico Corriente, 1984: 24, referindo-se ao trabalho de Emilio García Gómez em *Todo Ben Quzmān* (Madrid, 1972).
47. Cf. opinião de Federico Corriente, 1984: 12.

muwaxxaḥāt árabes[48], edita e traduz em calco rítmico[49] todos os textos – clássicos e vulgares – atribuídos a Ibn Quzman, a partir de diversas fontes, quais sejam:

1. os 149 zejéis do *Cancioneiro*, editados a partir da reprodução fototípica do manuscrito único, realizada por Gunzburg;
2. os procedentes dos manuscritos de Ḥillī e Mubārakxāh, a partir da edição em caracteres latinos de W. Hoenerbach e H. Ritter (Leiden, Brill, 1950) e da posterior edição destes em caracteres árabes (Wiesbaden, Steiner, 1956);
3. os que constam em *al-Mugrib fī ḥulà al-Magrib*, de Ibn Sa'īd al-Magribī (século XIII), a partir da edição de Xawqī ḍayf (Cairo, Dār al-Ma'ārif, 1953, 2 v., n. 10, Coleção Ḏaḵā'ir al-'Arab);
4. um zejel procedente da Geniza do Cairo, conservado hoje na coleção Schechter-Taylor da Biblioteca Universitária de Cambridge (T.-S. 51, 137);
5. dois da coleção de Nawāgī, intitulada *'Uqūd al-la'āl fī l-muwaxxaḥāt wa-l-azjāl*, manuscrito Escorial 434, fºs 89 r. e 115 r.;
6. dois fragmentos inseridos nos "Prolegômenos" de Ibn ḵaldūn, a partir dos "Prolegomènes Historiques", edição de Quatremère nas *Notices et extraits des manuscrits de la Bibliothèque Impériale*, tomos XVI-XVIII, Paris, Didot, 1858;
7. e, em árabe clássico, traduzidos sem decalque rítmico, doze fragmentos em verso, de diversos ritmos e rimas, a partir principalmente da *Tuḥfat al-Qādim* de Ibn al-'Abbār (manuscrito Escorial 356), da *Iḥāṭa* de Ibn al-Ḵaṭīb (manuscrito Escorial 1673) e das *Analectes sur l'histoire et la littérature des Arabes d'Espagne par al-Makkarī*, de al-Maqqarī, edição de Dozy,

48. Cf. García Gómez, 1990.
49. Ver, adiante, capítulo "O Som e o Sentido", o item Edições e Traduções.

Dugat, Krehl e Wright (Leyden, Brill, 1855-1861, 2.), bem como o já citado prefácio do *Cancioneiro*, em prosa rimada.

Ao contrário da edição de Nykl (1933), a de García Gómez resolveu grande parte das dificuldades do *Cancioneiro*: passagens obscuras e deturpadas pela ação do(s) copista(s), o léxico vulgar e romanceado, bem como o sentido de suas expressões. Assim, além da edição, da medição e da tradução em decalque rítmico, *Todo Ben Quzmān* trouxe ainda, anexados, os estudos subsidiários sobre: a estrutura do zejel quzmaniano; os versos que sugerem "*k̲arajāt*"; os provérbios empregados e suas conexões com a tradição parêmica árabe clássica e espanhola; bem como sobre os "romancismos", isto é, as palavras romances, assimiladas pelo andaluz ou emprestadas dos meios moçárabes.

Contudo, a preocupação primeira de García Gómez – comprovar a tese silábico-acentual da poesia de Ibn Quzman – não seria anterior a um desejo seu de

pôr no atril do meu piano espanhol, para tocá-las em espanhol à minha maneira, as partituras dos três autores arábigo-andaluzes que, no meu modesto juízo, figuram de verdade na grande literatura universal. São, por ordem cronológica: Ibn ḥazm, Ibn Quzmān e Ibn ṭufayl[50].

Ao interpretar a grafia problemática do manuscrito[51] – ou, segundo sua metáfora, ao excecutar essa partitura, – o arabista teria dado uma versão particular:

Dou minha "versão" (no duplo sentido). Valerá contra ela a crítica das caídas técnicas – inevitáveis – de detalhe; mas resistirei, se puder, levando em conta a crítica do espírito e do ritmo da minha interpretação, porque, se [estes] conseguiram ter – tomara – um certo fluido pessoal, este será resistente aos ácidos. É

50. García Gómez, 1972: III, 10.
51. Ver tópico acima "A Língua e Grafia".

coisa bem própria. Aquele que discorde, que ponha por sua vez no seu atril a partitura e a toque de outro modo[52].

O resultado foi um texto editado, segundo as exigências da harmonia musical por ele imaginada. E, por inexistência, na época, de estudos específicos sobre o dialeto árabe-andaluz, ficava a gramática da língua derivada da gramática da poesia, enquanto que esta se via definida pelos critérios da tese silábico-acentual. Tomem-se aqui as palavras do editor:

O texto quzmaniano está – não totalmente – em árabe vulgar, às vezes trufado de romance, não entendidos um e outro, especialmente o segundo, pelo copista oriental. Isso quer dizer que, tendo, é claro, alguns conhecimentos filológicos, além de uma "hipótese de estrutura rítmica" enquadradora, cada qual tem de estabelecer o seu texto; "fabricá-lo". Que se deve dá-lo em caracteres latinos é indubitável, já que a grafia árabe, sensivelmente equívoca, não ajuda aqui em nada: é uma "sugestão", não uma "fixação" do texto; uma "base" para que o leitor "construa" o seu texto. Para "fixar" o texto de Ibn Quzman (como o de qualquer poesia popular hispano-muçulmana) deve-se transliterá-lo.

Permito-me comparar a "fixação" do texto de Ibn Quzman, assim concebida, à da construção de um boneco anatômico. Deve-se ter um "esqueleto" (a métrica). A este esqueleto deve-se grudar a carne, com "músculos" (o sentido) e "nervos" (a graça). Deve-se recobrir tudo de uma "derme" (a gramática). E em cima desta vai ainda uma "epiderme" (a grafia).

[...] Cuidei bastante o seu "esqueleto métrico". Procurei com o maior esmero aderir a esse esqueleto "os músculos do sentido" e fazer com que reajam com instantaneidade "os nervos da graça".[...] Mas da "derme gramatical" e da "epiderme gráfica" me ocupei bem menos[53].

Assim, no propósito de adaptar o zejel às exigências da tese métrica, García Gómez alterou o manuscrito naquelas passagens em que lhe parecia necessário restaurar determinados termos a um seu estado hi-

52. García Gómez, 1972: I, x.
53. *Idem*, xi.

poteticamente original para, assim, poder-se "enquadrar" o metro sugerido pela língua vulgar, e aprentemente acentual, do *Cancioneiro*.

Não tardaria muito para que essas alterações fossem revisadas, anos depois, num processo contínuo de depuração das leituras, à luz de uma nova contribuição, a dos estudos recentes em dialetologia árabe ocidental.

Esses estudos vão surgir, em certo sentido, como reação aos postulados em *Todo Ben Quzmān* e, principalmente, pela necessidade que se fazia cada vez maior de se conhecer um ramo importante da literatura árabe medieval. Deste ramo faziam parte, além de Ibn Quzman, outros grandes zejeleiros granadinos como o místico Ax-Xuxtarī (m. 1269)[54], Ibn al-Ḵaṭīb (m. 1374) e Ibn Zamrak (m. depois de 1393), bem como os refraneiros Az-Zajjālī (m. 1294/5) e Ibn 'āṣim (m. 1425/6), autores todos cujos testemunhos acabaram por conferir ao dialeto andaluz o caráter inegável de universalidade[55].

A Dialetologia

Ao lado dos estudos árabes tradicionais na Europa, que remontam a pelo menos dois séculos, tiveram início, mais para o final do século passado, algumas investigações em dialetologia, visando a conhecer os dialetos árabes formados na Europa, durante a Idade Média.

Em 1881, um dos precursores desse movimento, o arabista Reinhardt Dozy, já organizava um *Suplemento aos dicionários árabes* (Leyden, E. J. Brill, 1881), com base em três léxicos medievais, o *Glos-*

54. *ṣūfī* andarilho, da cidade de Guadix, Granada, ax-Xuxtarī faleceu em Dumieta, Egito (1269). Foi estudado por V. L. Massignon (Madrid, 1949) e editado por A. S. an-Naxxār (Alexandria, 1960) e Federico Corriente (Madrid, 1982-83). Ax-Xuxtarī foi um imitador, "à divina", em língua clássica e vulgar, dos temas e formas do zejel de Ibn Quzman, assim como o foi, em clássico, outro místico respeitado do Islão, Ibn al-'Arabī de Múrcia, enterrado na Síria em 1240. Cf. Corriente, 1982-83 e William Stoddart, 1980.

55. Cf. Corriente, 1992: 35.

sário Latim-árabe de Leyden, de autoria desconhecida do século XII, o *Vocabulista in arabico*, atribuído a um frade catalão do século XIII chamado Raymond Martin, e o *Léxico em letras latinas*, de Pedro de Alcalá, do século XVI, valendo-se também de um dicionário árabe, *Muḥīṭ al-muḥīṭ*, publicado em 1870 em Beirute, por Buṭrus al-Bustānī que, por sua vez, trazia incluídos "a linguagem dos *muwalladūna* (conversos ao Islão) e muitos termos vulgares"[56], em acontecimento inusitado nas letras árabes, via de regra classicistas[57].

Desde então, apareceram outros estudos em lexicografia, de grande valor, como o *Glossário de termos ibéricos e latinos usados entre os Moçárabes*, de Francisco Javier Simonet (Madrid, 1888), com base no manuscrito do *Cancioneiro de Ibn Quzman*, cedido, na época, por Rosen[58].

Foram vários, também, os estudos em gramatologia, como o de Arnald Steigar sobre a *Contribuição à fonética do hispano-árabe e do siciliano* (Madrid, 1932), mas poucos deram uma idéia de conjunto sobre o sistema lingüístico que caracterizou o dialeto, ou feixe de dialetos usados na Andaluzia, até que apareceram na Espanha, particularmente nos últimos anos, os trabalhos de Federico Corriente.

A Contribuição de Federico Corriente

Com ele, tem início o estudo metódico e sistemático da gramática e do léxico árabe-andaluzes, estudo este de intenção claramente revisionista, conforme o que sugerem os títulos de alguns de seus trabalhos:

56. Buṭrus al-Bustānī, 1987: "Introdução".
57. É juízo confesso a falta de interesse da parte dos árabes pelas letras em árabe que não seja o clássico. Cf., por exemplo, Ramaḍān 'Abd at-Tawwāb, 1980: 35.
58. Simonet, que peca pelo "partidismo ferozmente anti-islâmico" (Corriente, 1992:133), é autor do primeiro trabalho espanhol sobre Ibn Quzman, intitulado "Las Anacreónticas de Ibn Cuzmán [Quzman]" e publicado em La ilustración española y americana, II, n. 45, Madrid, 1885, 351 ss. Cf. García Gómez, 1972: II, 932 e 952.

Resumo Gramatical do Feixe Dialetal Árabe-hispânico, 1977.
Novos Romancismos de Ibn Quzman e Crítica dos Propostos, 1980.
Gramática, Métrica e Texto do Cancioneiro Hispano-árabe de Ibn Quzman, 1980.
Os Metros da muwaxxaḫa, *uma Adaptação Andaluza do* 'arūḍ?, 1982.
Observações sobre a Métrica de Ax-Xuxtarī (Materiais para um Estudo Diacrônico do Zejel e da muwaxxaḫa*)*, 1982-1983.
O Cancioneiro Hispano-árabe de Ibn Quzmān, 1984.
O Léxico Árabe-andaluz segundo P. de Alcalá, 1988.
O Cancioneiro Andaluz de Ibn Quzmān, 1989.
O Léxico Árabe-andaluz segundo o Vocabulista in arabico, 1989.
O Léxico Árabe Estândar e Andaluz do Glossário de Leiden, 1991.
Árabe-andaluz e Línguas Romances, 1992.
Léxico Estândar e Andaluz do Dīwān [Cancioneiro] *de Ibn Quzmān*, 1993[59].

A grande aportação de Corriente foi definir a língua do *Cancioneiro* como uma versão ocidental, dos séculos XI e XII, de um dialeto semita conhecido como neo-árabe, que teria evoluído desde um tipo de árabe antigo. À diferença do clássico, fixado e de gramática definida desde os primeiros anos do Islão, o neo-árabe evoluiu na condição de dialeto, assumindo diversas formas, dentre as quais aquela de emprego oral entre os sírios e iemenitas conquistadores da Andaluzia[60].

O árabe-andaluz seria uma forma de neo-árabe com várias interferências estráticas[61], sendo a mais notável delas a substrática, como conseqüência do impacto do romance dos autóctones da península sobre o neo-árabe de uma minoria, quando, entre os séculos VII e IX, este foi

59. Ver bibliografia, com exceção das obras de 1988, 1989a, 1989b, 1991
60. Ver, adiante, "A Língua do Zejel de Ibn Quzmān", o item Origem.
61. São elas, além das substráticas: as adstráticas, devidas à interferência nas próprias línguas que geraram o idioma andaluz, como o árabe iemenita e o sírio, influenciados pelo persa, latim oriental, grego, copta, aramaico, etc.; e as suprastráticas, devidas principalmente ao árabe clássico, através das ações do dia-a-dia nas mesquitas, nas escolas e na administração pública, que forçaram o dialeto a de vez em quando "retroceder" até um estado seu primitivo e cercearam sua evolução, impondo-lhe limites, sobretudo pela vigência sempre constante da língua do Alcorão. Cf. Corriente, 1992: 29-32.

substituindo aquele. O impacto do romance foi sentido em todos os níveis gramaticais do dialeto, sem contudo descaracterizá-lo como idioma árabe, devido a uma série de fatores internos e externos da língua, cabendo citar dentre os últimos, como o mais importante, talvez, o prestígio – generalizado entre todos os setores da população andaluza – do árabe como a língua da religião, da erudição, bem como das classes ligadas ao poder[62].

O conhecimento do dialeto andaluz dentro de seus aspectos sincrônicos e diacrônicos trouxe implicações decisivas para o *Cancioneiro de Ibn Quzman*. Em primeiro lugar, deixaram-se de lado a interpretação da língua do zejel como uma deturpação do árabe clássico, atribuída à má apreensão do idioma pelos *muwalladūna*[63], bem como o equívoco de pensá-la como um registro intermédio de árabe, uma espécie de dialeto classicizado, ou clássico facilitado, que teria como finalidade tornar possível a compreensão do *Cancioneiro* fora dos domínios da Andaluzia[64].

Por outro lado, também, o estudo dialetológico pôs fim à discussão sobre a natureza acentual ou não da língua do zejel. De fato, os andaluzes perderam a percepção fonológica da quantidade vocálica do árabe antigo (talvez nunca a tivessem tido) e a substituíram pelo acento[65]. Desse modo, e via de regra, as sílabas tônicas tomaram o lugar das longas e as átonas, das breves[66], o que explica certas anomalias na escrita do *Cancioneiro* e justifica o intuito de os copistas terem incorrido, em certas ocasiões, na correção do manuscrito[67].

62. Cf. Corriente, 1992: 34. Ver também "A Língua do Zejel de Ibn Quzman", o item Implantação.
63. Como são chamadas as populações de conversos do Islão.
64. Cf. Corriente, 1980: 70, nota 2; 1992: 30; 1993: 7.
65. Cf. Corriente, 1980: 69-81.
66. Ver, adiante, "A Língua do Zejel de Ibn Quzmān", o item Fonologia: 2.
67. Segundo Corriente (1993: 8), algumas das passagens obscuras que se pensaram alterações do copista revelam, na verdade, traços característicos do dialeto árabe-andaluz. Além do mais, o registro alto da língua coaduna muito bem com o caráter estândar da língua e não tão coloquial como se pensava.

Quanto à métrica do *Cancioneiro*, tudo levava a pensar que ela consistiu numa adaptação dos modelos da métrica clássica, o *'arūd̥*, à fonologia do árabe-andaluz. A adaptação teria consistido na troca da medida quantitativa dos metros clássicos pela medida acentual do dialeto, a exemplo do ocorrido entre o *'arūd̥* e outros sistemas prosódicos de ritmo acentual, como o turco, o persa e o hebraico sefardita[68], que na época adotaram os modelos clássicos da poesia árabe, altamente prestigiada em todo o "mundo islâmico".

Editado por Federico Corriente, em 1980, e reeditado subliminarmente outras duas vezes, através de suas versões espanholas de 1984 e 1989, tendo sido recentemente anunciada por ele, para em breve no Egito, uma nova edição[69], o *Cancioneiro de Ibn Quzman* parece estar vendo vencidas paulatinamente suas dificuldades, vislumbradas desde o descobrimento do manuscrito por Rosen:

> Este processo de depuração das leituras desta fonte única provavelmente continuará durante muito tempo ainda, a menos que impensadamente apareça outro manuscrito de melhor qualidade, como se depreende do fato de que, cada vez que se volta a ler atentamente o original, ilumina-se algum ponto novo que até então havia ficado obscuro nas leituras anteriores[70].
>
> [Por isso, ainda,] Qualquer pessoa que pretendesse, nestes momentos, ter dito a última palavra sobre a obra de Ibn Quzman dificilmente poderia merecer de alguns ouvintes realmente conhecedores do tema algo mais que um sorriso divertido como retribuição ao que não se poderia tomar racionalmente por outra coisa senão uma piada acadêmica[71].

68. *Idem*, particularmente as notas 14, 15 e 16.
69. O autor não teve acesso à mencionada edição.
70. Corriente, 1993: 8.
71. *Idem*, 7.

A Poesia na Córdova Almorávida

Os Almorávidas

No ano de 1031, a Andaluzia (*al-Andalus*) perdeu a unidade política característica do Emirado e do Califado, que se estenderam por quase três séculos. A conseqüência foi a divisão do poder central nos vários Reinos de Taifas (*mulūk aṯṯawā'if*), espalhados pelo território muçulmano da Europa. Porém, já ao final do século XI, Córdova, um dos mais importantes reinos andaluzes, passaria por uma reconfiguração política que, de certa forma, iria devolver à Andaluzia a unidade que conhecera junto aos emires e califas do seu recente passado. Trata-se da conquista da Andaluzia pelos almorávidas (*al-murābiṭūna*) berberes, que a governariam de 1091 a 1147.

Nesse período, a cidade de Córdova no sudoeste ibérico passava a uma extensão de um novo império islâmico, para cuja sede fora eleita, nem Sevilha e muito menos, na África, a próspera Fez idrísida[1], mas *Marrākux*, a Marraqueche do Marrocos.

1. Dinastia muçulmana fundada em 789.

A origem dos almorávidas remonta a um grupo de berberes *ṣinyāja*[2] que saíram do *ribāṭ*, um tipo de convento no deserto do Saara em que estiveram retirados, durante algum tempo, recebendo a orientação espiritual do religioso ‘Abd Allāh Ibn Yāsīn (m. 1059).

Ortodoxos, aspirando a uma correção dos costumes islâmicos com base numa interpretação um tanto estreita do Alcorão, os monges soldados[3] do *ribāṭ* de Ibn Yāsīn, também conhecidos como *al-mulaṯṯamūna*, por usarem o *liṯām*[4], véu que lhes cobria o rosto até a altura dos olhos, foram-se projetando Saara acima, sob a liderança militar de Yaḥyà Ibn ‘Umār (m. 1055), até conseguir uma unificação de todas as tribos berberes e grupos étnicos que formavam o território do que se conhece hoje como Marrocos, em torno de um Islão menos herético do que aquele que vinha sendo praticado até a época[5].

Posteriormente liderados por Yūsuf Ibn Tāxufīn (1061-1106)[6], os almorávidas cruzaram o Estreito de Gibraltar, subindo a península até as margens do rio Ebro, no nordeste andaluz. Desde então, a Andaluzia árabe dividida nas cortes profanas, cultas e liberais conheceria um novo tipo de governo: berbere, unificador, estritamente religioso e pouco afeito à erudição.

A População

Na época dos almorávidas, a população andaluza, majoritariamente islâmica estava quase que totalmente arabizada. No entanto, a arabização dos judeus e cristãos nativos da Andaluza e a conversão destes últimos foram obra do Emirado.

2. Para o historiador Jacinto Bosch Vilá (1990) o império almorávida pode ser considerado como uma vitória das tribos *Sinyāja* do sul do Marrocos contra as *Zanāta* do norte.
3. Cf. Jacinto Bosch Vilá, 1990: 58.
4. *Idem*, 27-37.
5. *Idem*.
6. *Idem*, 49-62.

Sabe-se que ‘Abd ar-Raḥmān I (756-788) promoveu uma política de atração de imigrantes árabes, tão logo restaurou na Andaluzia a dinastia omíada derrotada pelos Abássidas em Damasco. Ainda assim, estima-se que mesmo antes do governo do emir os imigrantes de procedência árabe alcançavam a cifra dos vinte e tantos mil[7], pois, além daqueles que compunham o exército de Mūsà Ibn Nuṣayr, procedentes do *Ḥijāz* e do *Yaman*, entraram na península outros sete mil árabes liderados pelo sírio Balj, com procedência majoritária síria, ao lado de outros da Jordânia, da Palestina e do Egito.

Os sírios (*xāmiyyūn*) de Balj – solicitados em 740 como reforço para reprimir uma revolta dos berberes, acabaram ocupando na condição de feudatários algumas terras no sul e no leste da Península Ibérica, precisamente em Elvira (Granada), Reyyo, Sidona, Sevilha, Niebla, Jaén, Algarve e Múrcia[8], enquanto que os árabes vindos com Ibn Nuṣayr, que faziam parte das tribos do norte (*‘adnāniyyūn*) e do sul (*qaḥṭāniyyūn*) da Península Arábica, estabeleceram-se nas cidades planas como Córdova, Sevilha, Badajoz, Valência, Múrcia, Elvira e arredores de Toledo, perto das melhores terras[9].

Por fim, os árabes, “suas mulheres e filhos”[10] que continuaram chegando durante o Emirado teriam ocupado igualmente as cidades que, com o passar dos anos, iam-se tornando cada vez mais populosas, prósperas e propícias ao comércio e à fabricação artesanal[11].

No entanto, como lembra o historiador francês E. Levi-Provençal[12]:

7. O eminente arabista catalão Juan Vernet declara uma cifra bem maior; transcrevo a passagem: “S’y ajoutèrent, dans le cas de l’Espange, deux vagues arabes: celle de Mūsà Ibn Nusayr en 712 et celle de Balj en 740, soit au total une force de 30 à 40.000 individus” (1985: 21). O autor não cita a fonte de referência.
8. Cf. Levi-Provençal, 1950:50-51
9. *Idem*, 51.
10. Paul Diacre (século VIII), apud Charles-Emmanuel Dufourcq, 1990: 62.
11. Cf. Charles-Emmanuel Dufourcq, 1990: 61-63, 121-128.
12. *España Musulmana desde la caída del Califato de Córdoba (711-1031 de J.C.)*, 1950.

Os árabes não eram o bastante numerosos para converter suas imensas conquistas em territórios que eles mesmos pudessem povoar. Contentaram-se, mais prudentemente, com prover os quadros políticos de cada um destes territórios, e sua força consistiu precisamente, não só em fazer aceitar o seu credo quase em todas as partes, como inclusive em exigir de certo modo a arabização social das incontáveis massas de população submetidas à sua autoridade[13].

Essa população era dividida em duas categorias sociais, os muçulmanos (conversos, berberes, escravos livres e emancipados) e os não-muçulmanos, os *ḏimmiyūna* judeus e cristãos que pagavam taxas especiais para poderem manter e praticar o seu credo.

Desde o século IX, os muçulmanos compõem a maioria da população andaluza, e os conversos *muwalladūna* se encontram tão bem misturados aos bereberes, sírios, iemenitas e *ḥijāziyyūna*, que já não lembram mais sua ascendência ibérica[14]. Restarão uma minoria cristã moçárabe (*musta'rib*), concentrada em Toledo, Córdova, Sevilha e Mérida, e as comunidades relativamente numerosas de judeus, que não adotaram a conversão, concentrando-se principalmente na região de Granada[15].

Contrariamente ao que se poderia pensar, a adoção da língua árabe como língua materna dos andaluzes não acompanhou o ritmo que se observou na islamização destes. Em primeiro lugar, há que se distinguir as comunidades rurais das citadinas.

As populações rurais só muito tardiamente estarão arabizadas. Vivendo retiradas dos centros urbanos, elas teriam adotado no máximo um árabe rudimentar e, certamente, a língua romance, até pelo menos o século XIII, quando então a Reconquista ganha terreno nos territórios islâmicos e os muçulmanos se retraem em direção ao sul e leste da península, até por fim se cindirem dentro da Granada *naṣrī* (1232-1492) esta já completamente arabizada[16].

13. E. Levi-Provençal, 1950: 50.
14. *Idem*, 47.
15. *Idem*, 50.
16. Cf. Federico Corriente, 1992: 33.

O mesmo, porém, não se observa entre os conversos dos centros urbanos, arabizados desde cedo. Ainda que se admita a existência, para os primeiros tempos, de um bilíngüismo entre os *muwalladūna*, com uma possível extensão do uso do romance até a elite do governo, a partir do século XI, a língua árabe consta nas cidades como o único idioma[17] dos andaluzes muçulmanos, sejam eles conversos, bereberes, escravos ou emancipados, e, ao lado do romance (de configuração ainda pouco conhecida), como a segunda língua dos judeus e de minorias moçárabes cristãs.

Por fim, ao lado da islamização e da arabização lingüística da Andaluzia, nota-se também outro processo, o da orientalização. Conforme observa ainda E. Levi-Provençal:

> A afluência de emigrados, favorecida sob o reinado de 'Abd ar-Raḫmān I, acentuou mais ainda... [a] "sirianização" da España. Estas influências sírias deviam ser com o tempo, e sobretudo a partir da época de 'Abd ar-Raḫmān II [822-852], recobertas, por sua vez, pelas da civilização bagdali. Em todo caso, e por mais de um século ainda, a Espanha muçulmana havia de se manifestar, na maioria dos aspectos administrativos e sociais, muito oriental, por influência, primeiro, da tradição damascena e, logo, de Bagdá, diretamente[18].

Foi no governo de 'Abd ar-Raḫmān II que a música da Andaluzia e do Marrocos chegou à sua síntese. O responsável foi Ziryāb, o músico e cantor genial do Iraque que foi viver na corte do emir. Além de fundar uma escola de música de importante atuação, que em breve influiria no surgimento da poesia estrófica, o refinado mentor do bom gosto, que lembra o das *Mil e Uma Noites*, estabeleceu as regras da elegância e da culinária. Nas palavras de Charles-Emmanuel Dufourcq[19],

17. Para uma apreciação sobre a origem, a implantação e a gramática da língua árabe-andaluza, ver capítulo "A Língua do Zejel de Ibn Quzman".
18. E. Levi-Provençal, 1950: 90.
19. *La vida cotidiana de los árabes en la Europa medieval*, 1990.

A partir de então, tanto nas cortes muçulmanas do Ocidente como em qualquer círculo que aspirasse a passar por distinto, os pratos já não eram servidos de acordo com a fantasia dos comensais ou em função da moda que imperasse naquele momento, mas em cumprimento estrito de uma ordem protocolária imutável: primeiro as sopas e os cremes, depois os pratos de carne, aves de quintal ou peixe e por último as sobremesas, entre as quais se destacavam as tortas de mel, nozes e amêndoas e os doces de frutas recheados de avelãs e polvilhados com baunilha. Foi a época em que as toalhas de fino couro destronaram das mesas elegantes aquelas de linho, que tinham sido empregadas nas décadas anteriores, e as taças de cristal substituíram os copos de prata e ouro[20].

A partir do século X, quando o Califado de Córdova dará início aos três séculos de maior e mais refinada produção literária, filosófica e científica do Islão ocidental[21], o ser que assoma nas letras andaluzas já não é um sírio, no estrito termo, nem bagdali, nem berbere e muito menos um herdeiro direto dos clãs da Arábia.

Os Alfaquis

A origem, a implantação e a sobrevivência por quase um século do movimento militar e político dos beduínos *ṣinhāja* do Saara, que levou à formação do Império Almorávida e seu posterior declínio, estão condicionadas a um fator religioso de primeira ordem: os almorávidas do *ribāṭ* de Ibn Yāsīn, que pretenderam uma revolução dos costumes islâmicos, e, futuramente, seus correligionários, desde o princípio, partiram de um conceito ortodoxo e puritano do Islão, tendo como artífice a figura moral e jurisdicional representada pelo alfaqui (*al-faqīh*).

A autoridade conferida a este juiz dos assuntos do Islão dava-lhe o poder de ditar, com base numa compreensão bastante estreita da doutri-

20. Charles-Emmanuel Dufourcq, 1990: 121. Ver também E. Levi-Provençal, 1950: 173.
21. Cf. juízo de Juan Vernet, 1985: 46.

na mālikita (cf. adiante), as *fatāwà*, ditames religiosos que todo executor da lei – como o próprio soberano, inclusive – devia consultar e fazer cumprir. Influindo na legislação dos assuntos religiosos, políticos, sociais e culturais dos andaluzes, os alfaquis da Península e África exerceram controle sobre os diversos setores da sociedade, a ponto de um historiador do século XIII professar:

> Todos os assuntos dos muçulmanos chegavam a eles, e a resolução de todos seus pleitos, grandes e pequenos, dependia deles. Sua condição, como dissemos, cresceu demais; os principais personagens do país a eles se voltaram, e, assim, aumentaram suas riquezas e alargaram seus lucros...
>
> Ninguém se aproximava do Emir dos Muçulmanos[22] nem prosperava a seu lado que não dominasse os manuais de casuística (*'ilm al-furū'*) da escola de Mālik. Os livros desta escola circulavam por todos os lugares, pois se procedia conforme a eles e não se fazia caso dos demais, a ponto de ter-se esquecido o estudo do Livro de Deus (Alcorão) e do *Ḥadīṯ* do Enviado de Deus (a quem Deus bendiga e salve!)[23], e nenhum dos homens célebres desta época trabalhou neles com a devida assiduidade. As pessoas destes tempos praticavam excomunhão (*takfīr*) a qualquer um que parecesse dedicar-se a algum ramo da teologia escolástica (*'ulūm al-kalām*). Os alfaquis da corte do Emir dos Muçulmanos detestavam a teologia escolástica, mostravam repugnância pelos grandes autores da matéria, e evitavam quem desse algum indício de possuí-la, disputando-a como heresia (*bid'a fī d-dīn*)[24].

O que estes alfaquis tiveram em comum com os da Andaluzia – que desde os tempos do Califado reivindicavam uma voz junto ao poder –

22. O soberano almorávida 'Alī Ibn Yūsuf Ibn Tāxufin.
23. *Ḥadiṯ*, pl. *aḥādiṯ*, as tradições sobre os ditos e feitos do Enviado de Deus, o Profeta Maomé; "a quem Deus bendiga e salve", fórmula com que se alaba o Profeta, toda vez em que é ele mencionado na escritura.
24. Al-Marrākuxī, *Mu'jib*, a partir da tradução espanhola de Emilio García Gómez, *apud* Jacinto Bosch Vilá, 1990: 246. O historiador Jacinto Bosch Vilá chama a atenção ao fato de al-Marrākuxī escrever a serviço oficial dos almôadas, que destronaram os almorávidas, o que poderia supor certo falseamento na narração dos episódios, ou exagero no conceito sobre os alfaquis.

foi a compreensão deturpada da doutrina criada, em Medina, por Mālik Ibn Anas (m. 795).

O mālikismo, como uma das escolas sunitas do Direito islâmico, pregava uma conduta do homem observada estritamente no Alcorão (*al-Qur'ān*), livro que traz a revelação de Deus ao Profeta Maomé, por intermédio do Arcanjo Gabriel, e na *Sunna*, que consiste nas práticas do Profeta e no julgamento coletivo dos seus Companheiros (*ṣaḥāba*), deduzidos a partir dos relatos tradicionistas, os *aḥādiṯ*[25].

Na Córdova almorávida, os alfaquis, intolerantes e apegados a uma interpretação cada vez mais literal do Alcorão, enveredaram-se pelo caminho do antropomorfismo, o *tajsīm*, que implicava o reconhecimento dos atributos físicos de Deus, atuação essa que pareceria herética aos olhos dos andaluzes da época, bem como aos futuros conquistadores almôadas[26].

Numa demonstração do nível de autoridade que chegaram a ter esses juristas da fé, o sucessor de Yūsuf, 'Alī Ibn Tāxufīn (1106-1143), chegará a atender ao ditame de seus mentores, ordenando a queima pública dos livros do grande teólogo oriental al-Gazālī (m. 1111): o seu livro mais importante, *Iḥyā' 'ulūm ad-dīn* (Vivificação das ciências da religião), que inspiraria toda uma geração de sufis (*sūfiyya*) andaluzes, foi embebido de azeite e queimado em frente à porta da Mesquita de Córdova[27].

SITUAÇÃO DA POESIA

Frente à política dos almorávidas e dos alfaquis, a poesia erudita do século XI, que corresponde ao período de ouro da literatura andaluza, observará um declínio brutal. Desvenecendo a vida faustosa das cortes,

25. Cf. Abdur-Rahman Ibrahim Doi, 1990: 105. Dentre os principais *ṣaḥābas* estão os quatro primeiros califas (*ar-rāxidūn*): Abū Bakr (623-624), 'Umar Ibn 'Abd al-Ḵattāb (634-644), 'Uṯmān Ibn 'Affān (644-656) e 'Alī Ibn Abī ṭālib (656-661).
26. Os almôadas (de *al-muwaḥḥad*), originários do Marrocos, imperaram entre 1130-1269.
27. Cf. Jacinto Bosch Vilá, 1990: 248.

desaparece com ela o mecenato oficial. O poeta áulico dará lugar ao vagamundo: "Minha alma me levou a abandoná-la [a Sevilha] e a vagar errante, porque a água é mais pura viajando na nuvem do que estancada na poça"[28]. À procura de quem lhes pague o serviço, os poetas percorrem Córdova, Almeria, Jaén, Sevilha e Granada, na Andaluzia, ou Fez e Marraqueche, na África.

Derrotado e deportado ao Marrocos, o rei e o grande poeta das Taifas al-Mu'tamid Ibn 'Abbād terminará seus dias na pobreza, enquanto "eclipsa"[29] em Sevilha a prolífera poesia que encontrou junto a ele as condições ideais para seu florescimento. A caída das Taifas e a conseqüente crise econômica que abateu sobre os poetas levaram estes a ver em Sevilha uma "esposa que odeia o seu marido"[30]:

É uma vida penosa, e por que hei de suportá-la
se com os Banū Ubayy[31] renasceu a esperança no país?
Com sua autoridade brilha a região de Córdova
e volta a nós aquela vida que se foi[32].

Passados os primeiros anos da invasão africana, Sevilha e Córdova voltam a brilhar, unificadas, agora, por um Islão centralizador. Por um tempo, a capital do império é transferida, por 'Alī Ibn Yūsuf Ibn Tāxufin, de Marraqueche a Sevilha, e a península prospera, apaziguadas as fronteiras com os reinos cristãos de Castela e Aragão. Ficando livres da intervenção do Estado, que acabaria por se mostrar mais zeloso com

28. Do poeta al-A'mà at-Tuṭīlī, o Cego de Tudela (m.1126), a partir de tradução de Emilio García Gómez, apud Claudio Sánchez-Albornoz, 1960: 179.
29. Expressão de Emilio García Gómez em "Un Eclipse de la Poesía en Sevilla", in *Al-Ándalus*, X-2, 285-343, Madrid, 1945), citado por C. Sánchez-Albornoz, 1960: 178-179.
30. Do poeta Ibn Baqī (m. 1145), apud. C. Sánchez-Albornoz, 1960: 179.
31. *Banū*, isto é, filhos de, da família de. Ibn Quzman dedica sete panegíricos a Sulayman Rabī' Ibn Ubayy, filho de um grande visir de Córdova, cf. zejel 36 in E. García Gómez, 1972: I, 188-189.
32. Do poeta Ibn Sammāḵ, *apud* C. Sánchez-Albornoz, 1960: 179.

as produções em filosofia e teologia, as escolas de ensino, difundidas por todas as partes na época das Taifas, seguem ministrando suas matérias[33], como antes[34]. A cultura observa um intercâmbio entre o Marrocos e a Andaluzia. Torna-se a vez de os andaluzes ensinarem aos marroquinos a língua e a cultura que vinham desenvolvendo desde séculos. Na arquitetura, as colunas e os estuques com delicados detalhes, característicos da frugalidade e da transitoriedade que marcaram os reinos de Taifas, desaparecem das mesquitas dos grandes centros e são substituídos por pilares robustos e retangulares que retratam, por sua vez, a solidez da doutrina pregada pelos almorávidas[35]. O governo introduz um sistema superior de cunhagem (os morabitinos) que reflete a prosperidade da Andaluzia e indica o nível de projeção externa a que chegou naqueles tempos[36]. Este verso de Ibn Quzman sintetiza a glória daqueles dias: "Quem for como Ibn Tāxufin, chamem de Emir:/ Com ele o Califado volta a existir"[37].

No entanto, a poesia já não conhece o esplendor de antes. Como reação à política cerceadora imposta pelos almorávidas, duas opções eram dadas aos poetas: cultuar o passado glorioso através de uma poesia clássica e evasiva, ou renovar a linguagem poética, assumindo todas as implicações dessa mudança. Ambas as opções estavam delineadas nos contextos da primeira metade do século XII.

33. São elas: antologias (miscelânias) poéticas do Oriente, incluídos os poetas considerados tradicionais (clássicos) e "modernistas" (*muḫdaṯūna*), lexicografia, filologia, música, além da literatura (em tradução) de Luciano e Platão e os textos de Aristóteles. Cf. H. Pérès, 34 e 37-48.

34. Cf. James T. Monroe, 1974: 34.

35. *Idem*, 35.

36. *Idem*, 34.

37. Ibn Quzman, zejel 38, cf. Corriente, 1980: 258 (numeração indiana).

A Poesia Clássica

Na poesia clássica, generaliza-se um sentimento de tristeza e melancolia. Em poemas de corte tradicional, as *qaṣā'id*, os poetas versam sobre o declínio de uma época de luxo para a arte do verso. Outros retomam a poesia de tema floral, a *nauriyya*, que desta vez nem é alegre e festiva como nos tempos do Califado, nem reflete a variação de ânimo do poeta, observada no período das Taifas, mas é triste e sombria[38]; como os palácios que passaram a ser construídos no campo, longe da cidade[39], o canto evasivo desses poetas fazia-os subtraírem-se à condição em que se achavam. Na análise que o americano James T. Monroe[40] faz da obra-prima de um dos mais representativos poetas clássicos do período almorávida, Ibn Ḵafāja (m.1139)

canta a grandeza solitária da natureza numa linguagem assombrosamente bela e exprime um sentimento de alienação universal. O poema começa no modo convencional da antiga *qaṣīda* árabe, com uma viagem desértica completamente estranha à vida andaluza ("Por tua vida, saberias se o vento sul abate sobre a sela e os encilhos dos meus camelos?"[41]). A revificação intensa deste tema arcaico que já tinha desaparecido nos séculos precedentes indica o grau de reverência ao passado a que se chegou com os almorávidas. A viagem no deserto induz o poeta a um grupo de amadas estilizadas, reduzido a meras bocas e rostos ("E ninguém com quem divertir-me, por algum tempo, que não as bocas do meu desejo em rostos que almejo"[42]). Este prelúdio introduz o tema principal do poema: a montanha, dotada de atributos humanos, lamenta o seu amor sem volta e se queixa de

38. Cf. James T. Monroe: 1974: 37.
39. *Idem*, 35.
40. *Hispano-Arabic Poetry, A Student Anthology*, 1974.
41. Os versos citados neste trecho estão nas páginas 243 e 245. Monroe dá uma tradução explicativa e ampliada dos versos, nas páginas 242 e 244,igualmente consultadas por mim. Eis a transliteração latina do original:"Bi'ayxika hal tadrī ahūju j-janā'ibi / taḵubbu biraḥlī am ḏuhūru n -najā'ibi".
42. "Walā ansa illā an uḍāḥika sā'atan ṯugūra l-'amānī fī wujūhi l-maṭālibi".

que seus amantes, os viajantes que passam por ela, sempre se afastam para nunca voltar ("Nenhum consolo há de estancar estas lágrimas: esgoto-as no lamento pela separação das amigas"[43]). A montanha, símbolo proverbial da estabilidade na poesia árabe, aqui se torna um símbolo da instabilidade do amor e da solidão universal. Ela é a projeção do poeta na natureza, porque os amores rotos no prelúdio são agora mostrados como meros incidentes numa solidão mais vasta, personificada pela própria natureza. A natureza chora, e o resto do universo é hostil para o homem; as montanhas são simples joguetes da sorte. Nos versos de Ibn Zaydūn [poeta da escola anterior, morto em 1071], a natureza tinha um duplo atributo: tanto podia ser feliz como triste, conforme era a proximidade ou a distância do amado, mas em Ibn ḵafāja a natureza é uniforme e firmemente triste. O senso quase grego de harmonia entre o homem e a natureza é, por essa razão, uma harmonia na melancolia[44].

Porém, a expressão mais generalizada da poesia clássica foi o gênero conhecido por *muwaxxah̥a*. A estrutura formal mais simplificada deste gênero teve maior acolhida entre o público da época, menos seleto e refinado que nas outras fases da história andaluza[45], principalmente se incluídos os governantes berberes, que parecem ter sido insensíveis às sutilezas da gramática e da prosódia do árabe clássico[46].

A *MUWAXXAH̥A*

Grosso modo, a *muwaxxah̥a* (de *wixāh̥*, cinto enfeitado com pérolas e jóias) era concebido num prelúdio (*mat̥la'*) seguido de cinco estrofes, em cuja última se inseria uma *ḵarja*, isto é, versos finais escritos, não mais no clássico como no restante do poema, mas no árabe vulgar ou romance aljamiado, escrito com caracteres árabes[47].

43. "Wamā gayyaḍa s-sulwānu damʿī wa'innamā nazaftu dumūʿī fī firāqi ṣ-ṣawāh̥ibi".
44. *Idem*, 38-39.
45. *Idem*, 39.
46. *Idem*, 36.
47. Na literatura hebraico-espanhola, por extensão, a *ḵarja* vem escrita com caracteres hebraicos. Cf. Samuel Miklos Stern, 1974: 123-157.

A estrofe (*bayt*) mais simples da *muwaxxaḫa* era formada de cinco versos (*ajzā'*), cujos três primeiros levavam uma rima comum (bbb), enquanto que os dois últimos retomavam a rima (aa) do prelúdio (AA). Como na mudança de uma estrofe a outra os primeiros três versos alteravam também a rima (*ccc, ddd etc.*), eles passaram a ser chamados, na terminologia européia[48], de "mudança" (*guṣn*), por oposição aos dois últimos que retomavam, como dissemos, a rima do prelúdio e, por isso mesmo, puderam ser conhecidos como versos da "volta" (*simṭ*). Em conclusão, a estrutura estrófico-rímica da *muwaxxaḫa* tipo pode ser representada pelo esquema *AA, bbb-aa, ccc-aa, ddd-aa, eee-aa, fff-(ḵarja)aa*, segundo o qual, *AA* correspondem aos versos e rima do prelúdio; *bbb-*, *ccc-*, *ddd-*, *eee-*, *fff-*, aos versos e rima da mudança; e *-aa*, aos da volta, incluída a *ḵarja*[49].

Ao contrário do restante dos poemas escritos no árabe clássico, geralmente sem estrofe e longos, a *muwaxxaḫa* propiciava intervalos num espaço curto de tempo, com a possibilidade, ainda, de os versos da "volta" funcionarem como refrão, ou mesmo chamamento do refrão. Isso fez com que o poema pudesse ser cantado ou, pelo menos, acompanhado de coro e instrumentos musicais, desde o seu surgimento na Andaluzia, provavelmente, durante os primeiros anos do século X, ou seja, no final do Emirado de Córdova.

Segundo o antologista Ibn Bassām de Santarém[50] (m. 1147), foi Muqaddam Ibn Mu'āfā al-Qabrī, o cego de Cabra, quem inventou este gênero. Ibn Mu'āfā devia ter-se inspirado nos "metros incomuns e rara-

48. É bastante variada, e às vezes confusa, a terminologia técnica árabe. Por isso adoto a espanhola, unívoca e simplificada. Para uma apresentação e discussão da nomenclatura árabe ver Anwar G. Chejne, 1987: 208-220.

49. A estrutura estrófica da *muwaxxaḫa* chega a ser bastante complexa em alguns casos, podendo-se desdobrar cada verso em vários hemistíquios e, com isso, criar uma combinação de rimas bastante variada, como neste exemplo de prelúdio e primeira estrofe: *abcdeabcde fghijfghijfghij-abcdabcd*. Cf. Samuel Miklos Stern, 1974: 12-26.

50. *Ḏaḵīra*, *apud* J. T. Monroe, 1974: 28.

mente usados [na prosódia clássica], tomando [para isso] a fala vernacular e o romance aljamiado que ele [o poeta] denominou *markaz*", isto é, a *ḵarja* no final do poema[51].

Durante os reinos de Taifas, essa *muwaxxaḥa* de metro incomum, capaz de pôr lado a lado línguas tão diferentes como o árabe clássico, o vulgar e o romance, foi, de certa forma, uma manifestação da dualidade que marcou os andaluzes do século XI, confrontados por aspectos de um "andaluzismo" crescente na Península Ibérica e de um "orientalismo", já em vias de decadência, desde quando começou o processo de desestabilização política, religiosa e militar que derrocou o governo central de Córdova[52].

A parte clássica dessa poesia, ou seja, o poema sem a *ḵarja*, era escrita em língua erudita e galante, perpassada do início ao fim pelo tom elevado do discurso amoroso da poesia palaciana, cultivado ainda antes do Islão (século VI)[53]. A língua teria sido a presença constante do mundo oriental e o elemento que garantia o elo da Andaluzia com o restante do mundo islâmico, desde Meca e Medina, até Damasco, Bagdá e a próspera cidade do Cairo.

No entanto, essa mesma língua não obedeceu piamente às regras da prosódia clássica: os metros eram aqueles "raros" e "inusuais", e a métrica tinha como alheio o princípio fundamental do '*arūḍ*[54]: a medida quantitativa da sílaba, que forma a base do metro[55].

---

51. Ver capítulo anterior "Quzmanologia", o item *Ḵarjā*: Tempero Romance.
52. Este é o ponto de partido da tese do americano James T. Monroe (1974) que tem um estudo socioliterário sobre a poesia hispano-árabe. Ver bibliografia.
53. Ver, a propósito dos ideais estéticos de amor árabe dito, à vezes, "cortês", Ramón Mujica Pinilla, 1990, Emilio García Gómez, 1985a e principalmente Jean-Claude Vadet, 1968. Nesta obra, localizam-se os versos iniciais das *qaṣā'id* pré-islâmicas (às vezes um par de versos) como germes ou paralelos antigos do ideal amoroso nascido nas tribos de 'Uḏrā', que será descrito e romanceado pelo poeta Jamīl, durante o califado damasceno dos Omíadas (século VII-VIII).
54. Métrica clássica. Ver capítulo anterior "Quzmanologia", o item Problemática. Métrica: Um Caso de '*Arūḍ*?.
55. Conforme o postulado pelos estudos lingüísticos e prosódicos de Federico Corriente,

Não distinguindo com precisão a sílaba breve da longa, os andaluzes compuseram a *muwaxxaḫa* – como o fariam mais tarde com o zejel –, submetendo os metros da prosódia clássica às leis fonológicas do seu vernáculo, o dialeto árabo-andaluz[56]. Com isso, o árabe clássico da *muwaxxaḫa* foi intermediado pela "medida do acento" que o ouvido andaluz podia perceber[57], fato esse que teria possibilitado ao poema a conjugação feliz entre o clássico e o vulgar ou o aljamiado da *ḵarja*.

Segundo o egípcio Ibn Sanā' al-Mulk (m. 1211), a *ḵarja* era o "sal" que dava o sabor ao poema. Apesar de aparecer no final, ela o antecedia na composição; era-lhe, por esse motivo, o fim (*ḵātima*) e a base (*al'asās*)[58]. A revelação dos propósitos de uma *muwaxxaḫa* só podia darse então no final do poema, quando se torna flagrante o contraste entre as partes clássica e vulgar.

No entanto, a análise do conteúdo destas partes tem demonstrado que o verdadeiro vínculo entre elas é o contraste da linguagem, já que muitas vezes o assunto das *ḵarajāt* foge por completo ao que vinha sendo tratado no poema. Se o registro alto na linguagem da parte clássica garante um discurso elevado e reflete os ideais aristocráticos, com a *ḵarja* o tom pode chegar até as raias do vulgar e do popular. Mais ainda: enquanto, no início do poema, exprime-se uma voz masculina[59], a do poeta-amante que, filiando-se à tradição árabe de amor refinado[60] – zelo, fidelidade, sofrimento, gentileza, nobreza de caráter, frente à crueldade do(a) amado(a), geralmente inacessível –, enfatiza a renúncia ao amor carnal, no final do poema, ao contrário, ergue-se uma voz femini-

1977, 1980, 1982, 1982-1983 e 1992. Ver capítulos "Quzmanologia" e "A Língua do Zejel de Ibn Quzman".

56. Cf. principalmente F. Corriente, 1982.
57. Ver capítulos "A Língua do Zejel de Ibn Quzman", o item Fonologia. 2, e "Quzmanologia", o item Dialetologia. A Contribuição de Federico Corriente.
58. Ibn Sanā' al-Mulk, *Dār aṭ-ṭirāz*, in Samuel Miklos Stern, 1974: 159-160.
59. Cf. James T. Monroe, 1974: 16 e 31.
60. Ramón Mujica Pinilla (1990: 47) alerta para a imprecisão do termo "cortês", usado

na (geralmente a *ḵarja* é dita por uma mulher) que contrasta com a anterior, no uso do tom vulgar, jocoso e por vezes libidinoso. O desnível entre os discursos acaba por satirizar a tradição oriental do amor *'uḏrī* (virginal, puro), conhecido e cultivado na poesia andaluza, desde os tempos do Califado, principalmente no *Colar da Pomba* (*Ṭawq al-ḥamāma*)⁶¹, o conhecidíssimo "tratado sobre o amor e os amantes" escrito, em torno de 1022⁶², pelo filósofo, teólogo e poeta Ibn Ḥazm de Córdova, durante o seu exílio em Játiva.

Porém se, algumas décadas antes, a *muwaxxaḥa* do período das Taifas pôde refletir a postura crítica de uma elite culta com relação aos assuntos herdados do Oriente, ao mesmo tempo que retratou um sentido incipiente de nacionalização da poesia andaluza ante as demais líricas de sua época, à *muwaxxaḥa* do período almorávida se colocava um tipo de possibilidades excludentes: ou ele aproximava o discurso ao tom melancólico e evasivo das *qaṣā'id* tradicionais, escolhendo para isso *ḵarajāt* que reproduzissem essa dicção, ou, ao contrário, levava ao extremo a sugestão erótica com matizes de obscenidade, como uma maneira de se opor ao discurso puritano dos alfaquis.

Tanto numa época quanto em outra, a poesia estrófica ia imprimindo um novo jeito de compor versos. Daquela última vertente de *muwaxxaḥāt* – a contestatória – vai surgir⁶³ o zejel desavergonhado de Ibn Quzman de Córdova, como uma estilização refinada da fala vulgar das massas árabe-andaluzas.

---

pelos críticos desde o século passado, para se referir ao amor "melancólico" de Galeno e Platão, segundo Aristóteles (pseudo-Aristóteles, autor da *Problemata Fisica*) e Rufus de Éfesa (séc. II). O amor refinado, ou talvez melhor, o amor dos seres refinados (*ḥubb al-milāḥ*) parece mais exato e fiel ao sentido medieval. Em outro momento, referir-me-ei a esse tipo de amor como melancólico.
61. Ibn Ḥazm de Córdoba, 1985 (tradução espanhola de Emilio García Gómez) e Ibn Ḥazm, 1975 (edição árabe de 'Abd al-Laṭif, Ḵafāju e Hilāl).
62. Cf. Emilio García Gómez, 1985: 52.
63. Cf. James T. Monroe, 1974: 40.

PRECEDENTES DO ZEJEL

Há quem defenda, porém, que o zejel é anterior à *muwaxxaḫa*. Neste caso, numa época bastante remota, o zejel teria sido não uma composição estrófica, mas um tipo de poema monorrimo, com versos rimados internamente. Esta prática seria tão antiga na poesia árabe que remontaria ao período pré-islâmico, quando, além da prestigiada *qaṣīda*, cultivou-se o *taṣrī'*, que consistia precisamente em rimar os hemistíquios internos do verso[64]. Do *taṣrī'* derivaram dois gêneros bastante conhecidos, o *rajaz* e o *musammaṭ*. O verso do proto-zejel teria, pois, a estrutura formal de um *musammaṭ* com a fórmula *bbbA*[65].

No final do século IX, ou início do X, o poeta cego de Cabra, inventor da *muwaxxaḫa*, deve ter partido deste verso *bbbA* para criar um tipo de *musammaṭ* acrescido de uma *ḵarja*, como vimos, sem deixar de fazer coro a um outro procedimento conhecido na poesia árabe antiga, o *taḍmīn*, que consiste justamente em fazer incluir no poema versos inteiros de outro poeta. É somente no início do século XI, com Ubāda Mā' as-Samā', que estará caracterizada a estrofe com mudança e volta *bbb-AA*[66].

Ainda segundo essa tese, é possível que tão logo tenha surgido a *muwaxxaḫa* tenha passado a existir paralelamente entre os meios populares uma versão vulgar deste, ou então que esta forma vulgar tenha até mesmo preexistido à clássica[67]. De qualquer modo, essas hipóteses, como tais, não passam de conjeturas, sendo o mais prudente ainda a tese tradicionalmente aceita de o zejel ter derivado da *muwaxxaḫa*, já que, a partir do século XII todas as referências ao gênero vulgar levam em conta a sua irmã clássica.

64. Via de regra, o verso da *qaṣīda* é dividido em dois hemistíquios.
65. Cf. Samuel Miklos Stern, 1974: 52-56.
66. Cf. María Jesús Rubiera Mata, 1992: 152-153.
67. É o que conjetura, por exemplo, Federico Corriente, 1984: 29.

Os tratadistas árabes mais remotos, como os já citados Ibn Bassām e Ibn Sanā' al-Mulk, só nos falam da estrofe clássica. Porém, num tratado sobre música do autor tunisiano at-Tifāxī (m. 1253), o filósofo, músico e poeta Ibn Bājja (m. 1136), ou Avempace como é conhecido na escolástica, aparece mencionado como "o inventor do estilo do zejel"[68], o que implica em aceitar como provável origem do zejel o início do século XII; portanto, durante a vida de Ibn Quzman.

De qualquer modo, é somente com o poeta do *Cancioneiro* que se estabelecem os modelos do que se conhece como zejel árabe-andaluz, pois, até então, a estrofe vulgar devia ter uma forma bastante indefinida com relação ao seu par clássico, haja vista o testemunho do próprio poeta no prefácio do seu livro. Nele, Ibn Quzman faz severas críticas aos poetastros seus contemporâneos que ainda usavam *i'rāb*, sistema morfossintático do árabe clássico, para declinar as palavras do árabe vulgar. Ele menciona, ainda, um grande zejeleiro chamado Ibn Numāra, que não chegou a conhecer, mas de cujos zejeis gostava tanto ao ponto de, no caso de que estivesse ainda vivo, reconhecer-lhe a superioridade.

Se estas declarações de Ibn Quzman contradizem algumas opiniões de homens ilustres da historiografia árabe, como o andaluz Ibn Sa'īd (m. 1284) e o tunisiano Ibn Ḵaldūn (m. 1406), que atribuem a invenção do zejel ao próprio zejeleiro de Córdova[69], essas mesmas opiniões atestam, por outro lado, a fama que teve o poeta por aqueles tempos como o *miglior fabro* medieval do zejel – a "Maravilha do Tempo", conforme ostenta a capa do manuscrito do *Cancioneiro* – e, segundo alguns estudiosos, ainda insuperado no gênero, na linguagem e, em certos aspectos, na arte do verso[70] .

68. At-Tifāxī, in Emilio García Gómez, 1972: III, 35.
69. Cf. Samuel Miklos Stern, 1974: 170. Ver também Ibn ḵaldūn, 1958-1960. Sobre a obra dos autores mencionados acima, ver Juan Verneṭ: 1968: 133-134 e 149-150.
70. É o que pensava, por exemplo, o arabista espanhol Emilio García Gómez (1972 e 1981).

Ibn Quzman foi quem definiu as formas e o estilo do gênero árabe-andaluz que seria cultivado pelo tempo restante da Andaluzia, bem como ainda hoje no Magrebe africano, ou no Oriente, mas já sem as características andaluzas, reabsorvido que foi desde cedo, pela tradição oriental[71], mesmo antes da desaparição total da Andaluzia em 1492[72].

O Zejel Árabe-Andaluz

Já se disse, mais de uma vez, tomando como parâmetro a estrutura formal de *muwaxxaḫa* e zejel, que este consiste numa versão vulgar daquela[73]. E, de fato, o tipo mais simples da poesia estrófica clássica equivale, em estrutura, ao tipo de zejel mais freqüente no *Cancioneiro de Ibn Quzman*, ou seja, o tipo que adota o esquema *AA bbb-a ccc-a*, etc., composto, igualmente, de prelúdio (*AA*), mudanças (*bbb-*, *ccc-*, etc.) e voltas (*-a*, *-a*, etc.). Entretanto, a simplicidade num e a freqüência em outro adquirem significados diversos, durante a primeira metade do século XII.

Na *muwaxxaḫa*, estima-se mais a estrutura complexa, que multiplica internamente as rimas do verso[74], conforme, por exemplo, *ABCD*

71. Cf. James T. Monroe, 1974: 41. Sobre o zejel no Oriente, ver Serafín Fanjul García, 1977: 104-105.
72. Há um exemplo de um prelúdio mais uma estrofe inteira de zejel, que foi recolhido pelo iraquiano Ḫillī (m. 1349) e citado por E. García Gómez (1981: 50) para demonstrar a extravagância a que chegou o zejel no Oriente. Ei-lo, seguida da tradução espanhola de García Gómez: *Al baḫ/r aṣbaḫ/ furja/ wa-l-ja/mūx jā/ yasbaḫ = Gozar/ da el mar/ y el sí/mio qui/so allí/ nadar*, o que corresponde à fórmula *AA bbba*.
73. Cf., por exemplo, Manuel Rodrigues Lapa (1973) e Ramón Menéndez Pidal (1963).
74. Para épocas posteriores, não há mais diferenças entre os dois gêneros a não ser a língua clássica em um e vulgar em outro, porque, no zejel de ax-Xuxtarī de Guadix (século XIII), o zejel repete todos os procedimentos da *muwaxxaḫa*. Isto, que já se observa em alguns dos poemas de Ibn Quzman, torna-se bastante comum e estatisticamente relevante na poesia do zejeleiro de Guadix. Cf. Federico Corriente, 1982-1983: 43-44.

efgefgefg-abcd, *hijhijhij-abcd*, etc., enquanto que, no zejel, prevalece o propósito, confessado por Ibn Quzman, de "simplificar" o zejel, a ponto de "ficar suave ao tato"[75].

Daí a forma preferível, entre uma estrofe e outra do zejel, de se confrontarem a mesma rima "*a*" de prelúdio e voltas com um tríptico simples *bbb*, *ccc*, etc. Essa mesma simplicidade, porém, remete ao refinamento, à medida que, ainda segundo o poeta, o próximo, familiar, fácil e claro de sua forma torna-se distante, estranho, difícil e obscuro na locução[76]. O que Ibn Quzman fez, decisivamente, na poesia estrófica andaluza, foi substituir a diversidade de línguas e níveis de linguagem na *muwaxxaḫa* por uma só expressão, híbrida mas sintética, o árabe dialetal.

Na arte de Ibn Quzman, esta forma de árabe ganhava uma nova categoria: passava a ser uma língua geral, podendo ser compreendida por toda a extensão da Andaluzia, já que, no século XII, o árabe era falado praticamente em todos os setores da sociedade andaluza[77]. A língua do zejel podia emular ao mesmo tempo o árabe clássico, o popular e o romance; para isso, bastava ajustar o registro de sua linguagem.

De um modo geral, e esta é a diferença básica dele com relação à estrofe clássica, o zejel estabelece as formas do riso como um primeiro plano da composição. Perpassando o poema desde o prelúdio até o último verso, o riso antecipava e, dessa maneira, até mesmo relativizava a função que a *ḵarja* desempenhava no final da *muwaxxaḫa*. No zejel definido por Ibn Quzman, era indiferente a existência da *ḵarja*: a ironia estava em galantear (*tagazzul*) e louvar (*madīḫ*) numa só língua, o árabe vulgar.

75. "Waṣaffaytuhu ʻani l-ʻuqadi l-lafi taxīnuhu wasahhaltuhu hattà lāna malmasuhu". In Corriente, 1980: I (numeração indiana). Ver também Corriente, 1984: 39.
76. "Wajaʻaltuhu qarīban baʻīdan wabaladiyyan garīban waṣaʻban hayyinan wagāmiḍan bayyinan". In Corriente, 1980: I (numeração indiana). Ver também Corriente, 1984: 40.
77. Recentemente, Federico Corriente (1984: 19-20) chega a sugerir que, inclusive, os moçárabes cristãos teriam deixado primeiro o monolingüismo romance e, depois, o bilingüismo a favor de uma só língua, o árabe-andaluz, contrariamente à crença anterior em, por exemplo, Ramón Menéndez Pidal, 1945a e 1945b.

O zejel da Andaluzia – anticlássico e profano, por assim dizer, por desrespeitar uma das normas fundamentais da lírica tradicional, qual seja, o desacato com relação à língua consagrada pela *qaṣīda* e pelo Alcorão – teria podido implicar certa autonomia do gênero dentro do quadro lírico islâmico; ele maculava a unidade lingüística do *Dār al-Islām* (Casa do Islão), que somava há séculos uma extensa e rica tradição de escritos num tipo universal de árabe que desconhecia os limites espácio-temporais: o clássico era cultivado desde as terras tomadas aos Sassânidas e Bizâncio, até o norte da África e a extensão sul da Europa[78].

Contudo, essa autonomia do gênero andaluz de modo algum pressupôs um rompimento com a lírica árabe-islâmica. Ao contrário, o zejel do século XII que se conhece hoje[79], o de Ibn Quzman, reproduz muitas das convenções da *qaṣīda* clássica, sem deixar de lado os aspectos estéticos desenvolvidos na escola anterior pelos poetas das cortes de Taifas, que serão retomados numa nova síntese.

78. As ilhas de Malta e Sicília e a parte meridional da Espanha e de Portugal. Ver. Albert Hourani, 1994: 42-43.
79. Além do *Cancioneiro de Ibn Quzman*, conhece-se parte considerável da obra zejelesca de ax-Xuxtarī do século XIII e Ibn al-Ḵaṭīb e Ibn Zamrak do século XIV.

O Zejel de Ibn Quzman

DEFINIÇÃO

Samuel Miklos Stern[1] chamou a atenção para o fato de que, no *Cancioneiro de Ibn Quzman*, existe um tipo de "*muwaxxaḫa-like zajal*", um zejel que imita os temas e a estrutura estrófica da *muwaxxaḫa*, definida esta como um prelúdio, cinco estrofes e uma *k̲arja* no final.

De fato, é possível que, num determinado estágio de sua evolução, o zejel tenha sido um mero decalque em língua vulgar da *muwaxxaḫa* escrita em língua clássica; no entanto, enquanto somente alguns poucos poemas do *Cancioneiro* reproduzem esse modelo, a grande maioria dos zejéis varia de extensão, chegando alguns a terem mais de quarenta estrofes ao lado de outros com apenas quatro, apesar de que o tipo predominante e que caracteriza, na classificação de Emilio García Gómez[2], o zejel simples ou fundamental do *Cancioneiro*, seja aquele composto de, precisamente, um prelúdio com dois versos, seguido de

1. Samuel Miklos Stern, 1974: 166-185.
2. Emilio García Gómez, 1972: 187-196.

nove estrofes, formadas cada qual por três versos de mudança e um quarto de volta.

Não há que tomar ao pé da letra, porém, a afirmação que o próprio Ibn Quzman faz nos poemas de ele, personagem-zejeleiro, ser um *waxxáḫ*, isto é, compositor de *muwaxxaḫāt*, pois uma análise atenta desses poemas revela que o dito nem sempre corresponde ao fato[3]. Assim, o mercador que estabeleceu, como preço da roupa que o personagem-zejeleiro queria comprar, "uma legítima moeda almorávida e dizer-me uma *qaṣīda* ou uma *muwaxxaḫa*"[4] ouve do poeta a promessa cínica de que "em breve terás minhas notícias"[5]: o pagamento, porém – logo se faz revelar no decorrer do texto, conforme o "em breve" prometido – não é outra coisa senão o próprio poema escrito em língua vulgar, isto é, o zejel.

Numa orientação similar, em outra composição, o poeta declara, numa estrofe, ser "*muwaxxaḫ*eiro, zejeleiro, secretário e poeta clássico (xá'ir)"[6], numa clara alusão ao seu domínio dos três gêneros líricos da língua árabe (*muwaxxaḫa*, zejel, *qaṣīda*), mas, na estrofe seguinte, o que se ouve são os "meus zejéis belos e fortes, enquanto os dos outros são obra de Jó[7], com rimas nem belas, nem fortes". O multifeitor do verso, como sempre, acaba selando o poema na língua vulgar do seu zejel[8] que, de mais a mais, "é coisa inspirada; os poemas clássicos (ax'ár) desaparecem perto deste vulgar (hazalí)"[9].

Para Ibn Quzman, o zejel teria sido, antes de mais nada, uma questão de estilo: ignorar, como ele defende na introdução do *Cancioneiro*,

3. Cf. James T. Monroe, 1985-86.
4. Zejel n. 19, in Federico Corriente, 1980: 132-133.
5. *Idem*.
6. Zejel n. 24, *idem*: 184-185.
7. Isto é, não espontâneas, que requerem labor e paciência.
8. Mesmo assim, ver capítulo "Quzmanologia", o item Problemática. Métrica: Um Caso de *'Arūḍ*?
9. Zejel n. 65, *op. cit.* 422-423. Ver adiante outra tradução destes versos, no item O Zejel Arquiunitário.

o *i'rāb* clássico, isto é, dar as costas à morfossintaxe erudita, implicava caracterizar a língua da vulgaridade. Os poetas precedentes pecavam por justamente desrespeitar as tendências da fala andaluza, que ele, atento, não descuidaria a não ser por um estrito propósito de elevar o discurso[10].

Para ele, escrever zejel não se tratava propriamente de violar a *muwaxxaḥa*, mas de fazer da composição vulgar o gênero poético por excelência da lírica árabe. Na tradição desta, exercer a prática poética implicava, *a priori*, "atingir" alguém, chegar até outrem com a "intenção" de lhe dizer algo para, então, receber alguma recompensa[11]; tanto o fazedor de *zajal*, o *zajjāl*, como o *qaṣṣād*, fazedor de *qaṣīda*, objetivam (*yaqṣidūna*) algo. Esse caráter prático da poesia durante a Idade Média teria feito do poema árabe, seja ele zejel, *muwaxxaḥa* ou *qaṣīda*, um *madīḥ*, isto é, um panegírico endereçado. Como tal, o gênero que Ibn Quzman pensara e pôs em prática era uma espécie de Grande-Poesia: por esta razão, o zejel devia suplantar o estatuto maior da lírica árabe, a *qaṣīda*; tinham de se emular, portanto, os assuntos e a estrutura temática desta.

O Panegírico

O zejel panegírico considerado "normal", aquele cuja estrutura obedece aos cânones estabelecidos pela *qaṣīda* clássica[12], tem nove estrofes de extensão[13] e apresenta os temas numa disposição tripartite: prólogo, transição e elogio.

10. Ver capítulo "A Língua do Zejel de Ibn Quzman", o item Definição.
11. Mesmo os poemas "desinteressados" por recompensa têm, via de regra, um destinatário declarado no corpo do zejel.
12. Cf. Emilio García Gómez, 1981: 143.
13. Os panegíricos do tipo normal de curta extensão, geralmente de cinco ou seis estrofes, imitam, por sua vez, a estrutura interna (temática) da *muwaxxaḥa* (que, por sua vez, imita a da *qaṣīda*); são aqueles que Stern (1974) denominou "*zajal*-like-*muwaxxaḥa*",

O prólogo, que se extende por várias estrofes, corresponde a um prelúdio amoroso (*nasīb*) – geralmente erótico: discreto ou picante, conforme a ocasião requerida –, báquico (*k̲amriyya*), narrativo (*raḥīl*) ou descritivo (*waṣf*), que deve levar à transição. Esta, feita num ou mais versos, ou até mesmo numa estrofe, introduz a parte central do poema, o elogio propriamente dito. Aqui, o nome do louvado aparece citado, junto às qualidades que o poeta exalta (*tarfī* '), geralmente de modo convencional, podendo ainda o elogio estar precedido ou seguido de uma auto-vanglória *fak̲r*) do poeta. Em todas essas possibilidades, o zejel panegírico normal se equivale à *qaṣīda* clássica.

Mas o zejel em que mais se revela a excelência de Ibn Quzman é aquele em que a estrutura clássica tem as suas partes difusas, ou então ampliadas, proporcional ou desarmonicamente: são os chamados zejéis "anômalos"[14].

A extensão desmedida dá lugar a uma descrição e uma narração ricas nos detalhes e episódios, cujos diálogos dramáticos, multiplicidade de vozes e pormenorização de detalhes lembram os recursos empregados no romance e no teatro, gêneros estes até então estranhos à literatura árabe.

O zejel que tem difusa a estruturação tripartite dos temas é o panegírico-requebro.

Panegírico-requebro

A grande aportação de Ibn Quzman para o zejel árabe-andaluz foi a nova síntese, a que ele logrou chegar, dos modelos definidos, antes, na poesia clássica. O *tagazzul* ou *gazāl* (poesia amorosa) da poesia

ou, conforme García Gómez (1972), "zejeles moaxajados". Esses poemas se diferenciam dos demais por, além de serem curtos, ter, ao final, uma *k̲arja*, que desta vez será escrita sempre em árabe vulgar.

14. Cf. García-Gómez, 1981: 163 e 201-203.

oriental funde-se agora no *madīḥ* (panegírico), criando um gênero híbrido, de estrutura unitária, ao qual Emilio García Gómez se referiu como:

"panegírico-requebro", um subgênero incompreensível para nosso gosto, no qual o zejel vai dedicado a um mecenas jovem a quem se galanteia dentro de uma ambígua relação amizade-amor que a sociedade árabe consentia (veja-se o *Colar da pomba* e o prólogo que Ortega pôs à minha versão), quase invadindo a homossexualidade, mais do que roçando-a[15]. [Nesses poemas,] é desnecessário o prólogo erótico. Tudo se funde num pseudopoema amoroso, e nem sequer é necessária a transição[16].

À diferença do panegírico normal e da *qaṣīda*, o panegírico-requebro estabelece um mesmo destinatário para as atribuições do louvor e do galanteio. Isso explica talvez a preferência de Ibn Quzman por esta forma para expor, ao mesmo tempo, sua "devoção amorosa" e sua "exaltação" para com o seu mecenas mais querido e amado, a quem o poeta, além de dirigir uma série exclusiva de panegíricos-requebros e zejéis lírico-amorosos, dedica-lhe todo o conjunto da obra. Vale a pena transcrevermos a dedicatória de Ibn Quzman:

O motivo que me afastava de reuni-los [*os zejéis que escrevera ao longo da vida*] e registrá-los, impedindo-me de destacar o adorno e a perfeição que eles têm, era minha procura de um homem generoso, com cujo nome bordá-los, embelezando-os com a sua marca, até que a fortuna mostrou o que ocultava, deixando-me ver o seu ser melhor e mais nobre, doando-nos aquilo que regateava e fazendo-nos ver, em vigília, o que nem em sonhos creríamos, ao nos dar a conhecer, sob a forma humana, o luzeiro como sol, doçura do Iraque[17] em berço andaluz, o de sinceros ditos, de olhar espantosamente brilhante, aquele cuja vida é a mais digna de ser resgatada com tesouros, cumpridor sem demora de sua palavra, aquele que na

15. *Idem*, 56.
16. *Idem*, 202.
17. O Iraque, tópico literário, compreende o refinamento.

discussão responde sem titubeios nem pausa, quem, na sua graça, enfeita e embeleza e, na ameaça, é causa de todo mal, criado ao seu próprio gosto, com bem alcançadas virtudes, das quais não se rebaixa a pavonear-se, embora pudesse muito bem, aquele cuja glória se conhece em suas qualidades e de cuja nobre condição existem provas, como se a elas se tivesse referido o poeta quando disse:

Ainda que tu próprio engendres tua forma,
o certo é que melhor natureza não outorgas[18].

Ele é quem possui as maiores qualidades, ultrapassando o experiente ancião na prudência e na sagacidade; ele é o excelso vizir bom e bonito, cujo rosto é digno de ser olhado e sua mão, de ser beijada, o alamim[19] Abū Isḫāq Ibrāhīm Ibn Aḫmad al-Waxkī – Deus prolongue a sua glória! – "cuja fama independe destes nomes, mas que citamos unicamente por prazer"[20].

Quando a fortuna nos reuniu e pôs meus olhos em tão nobre objetivo, ele não deixou de impor-se o visitar-me e procurar-me, aceitando de bom grado meu nobre procedimento e opinião com respeito a ele. E, durante todo o nosso contato e repetidas visitas, dediquei-lhe um número de extraordinários zejéis e delicados fragmentos que não cabem no papel, tantos que não bastaria a força humana para reuni-los, que fazem parecer míseros os mais fecundos. De tal modo que, surgindo aquela semente, foi criando raízes e espalhando ramos: experimentei um amor e um carinho tão intensos, que são inenarráveis, pois, ao seu lado, fica pequeno até o monte Ṯahlān[21]. *Para eu me mostrar amável a ele e demonstrar-lhe minha devoção*, não encontrei nada melhor que reunir-lhe meus zejéis antigos e novos, procurando com afinco satisfazê-lo, ao levar-lhe as boas palavras (não as vis), pois, já que ele é inimitável e não se pode corresponder com prata e ouro e já que minha condição é indigente, mas não a minha língua, posso dizer como al-Mutanabbī:

18. Verso do poeta neoclássico sírio Abū Tammām (m. 845). Cf. Corriente, 1984: 310.
19. O alamim (*al-amīn*), ou amim (Caldas Aulete: 1958: 288), desempenhava as funções de fiscal. O alamim Waxki, a quem está dedicado o panegírico-requebro que traduzo neste estudo, atuava no mercado central (*sūq*) de Córdova. Não se dispõe de notícias sobre a vida deste aristocrata.
20. Verso do poeta neoclássico sírio al-Mutanabbī (m. 965). Cf. Corriente, 1984: 310.
21. Monte que fica na parte leste da Arábia; tópico da firmeza e da grandiosidade.

Se não tens cavalos nem riquezas a ofertar,
pródiga língua ocupe da fortuna o lugar[22].

Fiz este meu livro como um jardim para que ele possa entreter o olhar e como prova com que possa refutar quem lhe discuta o meu mérito... A partir daqui, com a ajuda do Altíssimo, abandonemos a prosa e imprimamos engenho e graça em língua desembaraçada, começando antes de tudo por aquele a quem o livro está dedicado, para que sejam por mim completadas *a devoção que lhe tenho e a sua exaltação*, tendo eu já explicado os seus méritos e virtudes: a Deus, glorificado e enaltecido, pedimos bom fim[23].

A devoção amorosa (*birr*) e a exaltação laudatória (*tarfī'*) visadas por Ibn Quzman acabaram exigindo dele um afastamento tanto do cânone clássico, a *qaṣīda*, como do popular, o zejel normal. O desvio que culminou no panegírico-requebro teria resultado, por sua vez, de uma evolução no terreno da poesia, iniciada há séculos pelos predecessores.

Na poesia árabe erudita valoriza-se mais a convenção que a inovação; o desafio do poeta consiste em rearranjar, numa nova unidade métrico-rímica, as metáforas e os tópicos conhecidos de antemão pelos ouvintes/leitores: é como se as qualidades do poeta devessem ser medidas, não tanto nas idéias originais que ele possa exprimir no poema, mas na virtuose de sua linguagem, que se faz avaliar na escolha adequada do léxico capaz de conjugar, em harmonia, as exigências da sintaxe e da prosódia clássicas.

Os poetas *muḥdāṯūna* – "modernistas" – de Bagdá, que nos séculos VIII e IX modernizaram a *qaṣīda* clássica, substituíram os tópicos que se referiam à vida no deserto por outros ambientados na vida das cortes urbanas, mas não puderam impor, como norma, outra estrutura que não fosse a da *qaṣīda*[24].

22. Cf. Corriente, 1984: 310.
23. Ibn Quzman, in Federico Corriente, 1984: 43-46. Grifo meu.
24. Cf. James T. Monroe, 1974 e Vincent Mansour Monteil, 1990. Contudo, Abū Nuwās inovou em alguns poemas a estrutura formal da *qaṣīda*. É dele um famoso poema

No século IX, uma renovação da forma teria implicado o abandono de um modelo que a tradição consagrara à perenidade: depois do Alcorão sagrado, o conjunto de poesia profana do pré-Islão formava a base mais importante para o estabelecimento da gramática do árabe clássico e, como tal, elegia-se como um paradigma estético inquestionável. Dona deste prestígio, a *qaṣīda* pôde ser cultivada por sucessivas gerações árabe-muçulmanas, tanto naquelas produções voltadas às questões da religiosidade, quanto nas que expressavam os assuntos terrenos, contribuindo assim no processo de confluência da diversidade cultural que, desde cedo, marcou a civilização islâmica, tão logo vira ultrapassado o marco geográfico de sua origem, a Península Arábica.

No século XI, ao lado da consagração da *muwaxxaḥa* – inovadora, pelo uso da estrofe, e audaciosa, pelas *ḵarajāt* vulgares – aparece, na *qaṣīda*, uma primeira tentativa de valorização da "pessoalidade" do poeta. Al-Mu'tamid Ibn 'Ammār, rei de Sevilha, deixou refletidos, em muitos de seus poemas, aspectos de sua vida pessoal e pública, desde a juventude até a sua captura pelos almorávidas e o conseqüente exílio no Marrocos, de onde escreveu versos marcados pela dor e a emoção profunda[25].

No século XII, o panegírico- requebro de Ibn Quzman foi a forma ideal e mais bem elaborada que o poeta encontrou para marcar a sua pessoalidade como homem e poeta árabe-andaluz e, como tal, definir uma poesia do "particular" frente a do "geral", tocando de perto, como veremos adiante, as implicações da "sinceridade"[26] que, acusa-se, tanto

báquico em 14 estrofes (Vincent Mansour Monteil, 1990: 72-74), que segue o modelo *bbba ccca ddda eeea*, etc., formalmente muito parecido com o zejel. Essa forma, porém, era de um tipo de *musammaṭ*, verso monorrimo com rimas nos hemistíquios internos, conforme procedimento antigo da poesia árabe conhecido por *taṣrī'*. Cf. Samuel Miklos Stern, 1974: 55. Ver capítulo anterior, o item Precedentes do Zejel.

25. Cf. James T. Monroe, 1974: 25.

26. Questão complicada essa da falta da sinceridade, que chegou a ser vista, em determinado momento, como um fruto do "materialismo" na "imaginação poética entre os ára-

falta aos poetas árabes, movidos geralmente por um senso forte de convencionalismo[27].

Lírico-amoroso

Encontra-se no *Cancioneiro de Ibn Quzman* um tipo de zejel estritamente lírico, que não faz o elogio laudatório e, por esta razão, pode ser classificado como lírico-amoroso, ou simplesmente "poema de amor".

Do mesmo modo como do panegírico normal pôde nascer um subgênero "amoroso", que violava a estrutura tripartite da *qaṣīda*, do poema de amor normal deriva um tipo anômalo que Ibn Quzman explorou fartamente.

O poema de amor pode caracterizar um tipo normal quando imita a *muwaxxaḥa* clássica de tema amoroso[28]. Este também podia abster-se do elogio explícito e ser inteiramente lírico. Pois bem, o zejel lírico dispõe, como o seu par clássico, do tema amoroso desenvolvido ao longo do poema, de uma transição e, por fim, de uma *ḵarja*, escrita em árabe vulgar, como o restante da composição.

O zejel lírico do tipo anômalo é o mais comum na obra de Ibn Quzman. O traço dissonante com relação ao cânone clássico consistiu no abandono da obrigatoriedade da *ḵarja* em detrimento da do prelúdio (*maṭla'*), este sim passa a ser imprescindível no zejel, assim como o foi a

bes", cf. Abū-L-Qāsim al-Xābbī (1978: 27): "O espírito dominante consistiu em lançar uma rápida e ingênua olhada que não penetra na essência das coisas, nem no fundo das verdades, cujo interesse reside em dedicar-se à forma, à apresentação e ao molde, ou à superfície das coisas, sem penetrar em seu interior".

27. Cf. Juan Vernet, 1968: 14.
28. Emilio García Gómez (1972: 585) alerta, no prólogo que antecede o zejel 114 do *Cancioneiro*, que o canônico dentro do poema de amor – que eu classifico como normal – é o fato de que o zejel está composto para enquadrar a sua *ḵarja*, conforme o procedimento na *muwaxxaḥa*.

karja para a *muwaxxaha*. Certamente não é à toa que o nome do(a) amado(a), nas vezes em que este(a) é mencionado, muitas vezes apareça já no prelúdio.

Assim, a ironia, que via de regra, antes se revelava somente no final da composição, deflagrada pelo desnível dos discursos[29], passa a imperar, no zejel lírico, em todos os versos em que o poeta aparentemente[30] extravaza "sentimentos de ansiedade, plenitude ou nostalgia amorosa, entusiasmo báquico, bem estar anacreôntico, suspiros de tristeza senil, solidariedade amistosa ou saldos de gratidão"[31].

Petição

O panegírico pode estar visando – e geralmente visa – alguma recompensa[32]. Nos casos em que o poeta explicita um tipo concreto de pedido, caracteriza-se o chamado zejel petição ou mendicante, cujo interesse para com o mecenas louvado se traduz em espécies de mantimentos, como trigo, farinha, pão, azeite e carneiro, ou objetos de uso pessoal, dentre roupas e acessórios, ou até mesmo dinheiro. Como alternativa de petição, aparecem os zejéis, nos quais o poeta se dirige a algum governante, oferecendo seus serviços – aparentemente, nunca atendidos – como poeta, escrivão ou secretário de corte.

Como nos demais casos, aqui também são encontrados zejéis obedientes à estrutura tripartite do panegírico e outros que rompem com ela. Nos primeiros, o pedido em geral aparece diretamente associado ao panegírico do mecenas enquanto que, nos últimos, ele pode vir em qualquer parte, desde o prelúdio, passando pela descrição da penúria em que

29. Ver capítulo anterior, o item A *Muwaxxaha*.
30. Cf. tese de James T. Monroe, 1974, 1985-86 e 1988.
31. Emilio García Gómez, 1981: 54.
32. Cf. *idem*, 53-54 e 127. Na verdade, quase todos os zejéis de Ibn Quzman fazem menção a algum tipo de pedido: um favor, uma ajuda abstrata, um beijo que pode ser trocado por um zejel etc.

vive o poeta-personagem, até o louvor, que, em algumas vezes, até deixa de ser feito.

Arquiunitário

Por fim, uma análise mais detida demonstra que o pedido pode estar sutilmente disfarçado num panegírico-requebro e num poema de amor[33], ou, numa relação inversiva, os temas do amor ou do louvor podem vir concentrados em petições do tipo normal ou anômalo. Em todos esses casos, aponta-se para uma estrutura arquiunitária de zejel, que abarca todas as possibilidades de gêneros e temas.

Já não se tratava de panegíricos, panegíricos-requebros, poemas de amor, báquicos, anacreônticos, ou de petição. O zejel decretava-se livre das convenções eruditas; "livre dos nós que o enfeiavam", dizia Ibn Quzman no prólogo ao *Cancioneiro*:

> Dificultei aos ignorantes o acesso à natureza do zejel. Limpei-o dos enodamentos que o enfeiavam: simplifiquei-o, até ficar suave ao tato e desbastado na aspereza, *porque o despojei do* i'rāb, *dos ornamentos e dos convencionalismos*, como quem desnuda a espada da bainha; *tornei-o próximo e distante, familiar e estranho, difícil e fácil, obscuro e claro*[34].

33. Ver zejéis n. 2 e 80 do *Cancioneiro*, respectivamente. O zejel 80 é estudado adiante. O de n. 2, indicado por García Gómez (1972) como um panegírico-requebro ao alamim Waxkī, mais parece um zejel petição de estrutura arquiunitária. O pedido – trocar o zejel por um beijo do mecenas amado – caso se aceite a sugestão de "leitura circular" proposta por James T. Monroe (1988), está na estrofe 7, no centro do louvor propriamente dito, e o pedido constitui, portanto, o objetivo primeiro do poema.
34. Ibn Quzman. "Introdução": "wa-ṣa''abtu 'ala l-aglafi ṭ-ṭab'i wuṣūlahu, waṣaffaytuhu 'ani l-'uqadi l-lafī taxīnuhu wasahhaltuhu hattà lāna malmasuhu waraqqa ḵaxīnuhu wa'addaytuhu mina l-i'rābi wa'arraytuhu mina t-taḥāli'i wal-iṣṭilāḥāti tajrīda s-sayfi 'ani l-qirābi, waja'altuhu qarīban ba'īdan wabaladiyyan garīban waṣa'ban hayyinan wagāmiḍan bayyinan". Cf. Corriente, 1980: 1 (numeração indiana) e 1984: 39-40. Grifos, acima, meus.

O desenodamento visava à simplicidade, que devia corresponder a língua, métrica, forma e expressão "próximas", "familiares", "fáceis" e "claras". Porém, ao mesmo tempo, essa singeleza impunha certa dificuldade aos homens daquele tempo. Por muitos e muitos anos, fora costume e hábito salutar consultar e obedecer piamente as preceptivas da poesia clássica. A transgressão aos modelos eruditos dos poetas predecessores não podia, em última instância, ultrapassar as barreiras impostas pela língua do Alcorão, que unificava a Casa do Islão, impondolhe a homogeneidade que, internamente, ela nunca chegou a ter de fato.

A reforma empreendida pelos poetas modernistas (*muḫdāṯūna*) do Iraque nos meados do século VIII havia trazido uma série de inovações à poesia árabe: a relativa independência, com relação à *qaṣīda*, da poesia amorosa, báquica, floral, mística, a estrofe de quatro versos. Mas, nos séculos IX e X, essa reforma seria atenuada pelo retorno de um neoclassicismo, fortemente enraizado em toda a extensão do Islão medieval, que acabaria por rivalizar, junto aos futuros seguidores, com os preceitos da escola modernista.

O zejel quzmaniano não é outra coisa que não o produto desse conflito. Os grandes parâmetros de Ibn Quzman, que ele cita e emula, são Abū Nuwās (m. 825) e Abū Ṭayyib al-Mutanabbī (m. 965), justamente os maiores expoentes das duas escolas. Em poucas palavras, poder-se-ia dizer que, do primeiro, Ibn Quzman tomou os temas e o sentido de renovação e, do outro, a grandiosidade do tom e o sentido de vanglória pessoal[36].

No século XI, a adoção, na Andaluzia, da *muwaxxaḫa* como poesia erudita significava ainda um passo intermediário em direção àquilo que lograria o zejel de Ibn Quzman.

Cabe a este zejeleiro a criação definitiva de um tipo de poesia verdadeiramente anticlássica, no sentido de escapar aos ditames cerceadores da *qaṣīda*, não obstante a aspiração do poeta de elevar o zejel, e

35. Cf. Jūrj Grayyib, 1972 e Vincent Mansour Monteil, 1990.

com isso classicizá-lo, à categoria de gênero por excelência da nova estética que ele se esforçou em fundar. Os modelos que Ibn Quzman fixou e estabeleceu para definir o zejel árabe-andaluz seriam adotados pelos poetas das gerações futuras, tendo alguns de seus versos imitados (*mu'āraḍa*) por grandes nomes como os místicos Ibn al-'Arabī de Múrcia (m. 1240)[36] e ax-Xuxtarī de Guadix (m. 1269)[37] e o hebreu de Toledo Todros Abuláfia (m. 1306)[38].

Porém, a síntese mais notável do zejel de Ibn Quzman, a estrutura aberta arquiunitária permaneceria inimitada e, com isso, ainda hoje não superada no mundo árabe, já que em 1492 a civilização andaluza seria derrocada, dando início à extinção daquela língua que justificou o surgimento do zejel e teve com Ibn Quzman o artífice fundamental para o prestígio e a impulsão da poesia andaluza por todo o mundo árabe, desde a África, passando pelo Iêmen, até o Iraque:

O meu zejel ilustre
no Iraque escute.
Natural que ilustre:
Qasā'id não são par
perto deste vulgar[39].

O Zejeleiro

A estas alturas podemos nos perguntar se o anticonvencionalismo de certos zejéis de Ibn Quzman pode ser tomado como um indício de

36. Cf. Samuel Miklos Stern, 1974: 185-191. Nas *muwaxxaḥāt* do poeta místico Ibn al-'Arabī, os versos de Ibn Quzman são tomados por ele *a lo divino*, isto é, sem o sentido profano original.
37. Este poeta transpôs e evoluiu os modelos temáticos e prosódicos do zejel quzmaniano. Cf. Federico Corriente, 1982-1983: 44.
38. Cf. Stern, *op. cit.*
39. Ibn Quzman, zejel n. 65, in Federico Corriente, 1980: 422-423 e 1984: 161.

sinceridade que geralmente falta aos poetas árabes. Tradicionalmente se exige do poeta o respeito às convenções canônicas. A originalidade e a sinceridade dos seus sentimentos contam muito pouco, já que os tópicos dos quais ele se vale para tecer suas imagens são estabelecidos há longa data e, geralmente, não condizem com o mundo real do poeta.

Vimos no capítulo anterior[40] como em pleno século XII, depois de intensos anos de ambientação da poesia em solo andaluz, o poeta se envereda ainda numa viagem no deserto, mantendo solilóquios com fragmentos de seres – rostos e bocas –, equivalentes estes aos escombros de casas abandonadas que a um poeta dos anos 500 traziam à memória o passado feliz que tivera perto de sua amada.

A *muwaxxaḫa* rompeu com a monorrimia da *qaṣīda*, é verdade, valorizou a divisão por estrofes, criou a possibilidade de refrão, acompanhamento musical, coro e dança, mas retomou os tópicos conhecidos da antiga poesia. As comparações e metáforas se repetiam, copiadas de autor a outro; o convencionalismo levou à artificialidade, pois uma mesma mulher parecia ser vista ao mesmo tempo por todos os poetas:

> Saquearam a aurora para fazer as bochechas do rosto; acumularam os ramos de *'arāk* para fazer talhes.
>
> Decidiram que os maiores jacintos eram indignos de seu colo e, portanto, deram-lhes as estrelas mais brilhantes como colar.
>
> Colecionaram as pupilas das vacas selvagens e as encerraram nas suas pálpebras. As mulheres, com estas pupilas, capturaram leões intrépidos e valentes.
>
> Pediram ajuda às tranças de seus cabelos e assim nos mostraram que a luz do dia (o rosto) podia subsistir junto à escuridão da noite (o cabelo)[41].

E um mesmo amor, o amor da melancolia[42], era compartilhado por todos os amantes. Eis as características gerais:

40. O item Situação da Poesia.
41. Ibn al-Bayn (séc. XI), apud Juan Vernet, 1968: 14-15.
42. Cf. Ramón Mijica Pinilla, 1990: 47-72.

O amor é a causa de um sofrimento que pode conduzir à morte; daí os inúmeros mártires de amor que o poeta não se cansa de invocar; quem ama chora com lágrimas de sangue e se pergunta freqüentemente como é possível que a água (as lágrimas) e o fogo (a paixão amorosa) possam combinar entre si; o poeta impreca às vezes contra as mudanças do Tempo (tema da "fortuna"); há no amor algo de magia que ninguém, exceto Deus, pode desentranhar; nenhum mortal pode escapar às leis divinas do amor; o amante deve guardar o segredo amoroso; é lei do amor que traz conseqüências desastrosas para quem a rompe; quem ama deve estar disposto à humilhação e aceitá-la como o escravo aceita tudo o que vem de seu senhor; os olhares do ser amado são como lanças que penetram nos corações, deixando mortalmente feridos os leões mais ferozes; o amante se converte, devido à enfermidade do amor, em sua própria sombra; o rosto do ser amado é como a lua cheia e sem míngua; a sua luz, que sai dentre a escuridão dos cabelos, envergonha a luz do próprio sol; seus lábios, de um vermelho aceso, contêm o remédio que ressuscita quem morre de amor; seus dentes como pérolas e, cuando sorri, o sorriso é como o relâmpago; suas bochechas são jardins de rosas que não se podem cortar; a amada é como um ramo tenro que se balança sobre as dunas dos fartos quadris; o poeta daria sua vida pela gazela de olhos lânguidos e tímidos, o seu amor se encontra afetado por aqueles que censuram (os *lauzingiers* da poesia provençal) e se interferem inutilmente nos assuntos do amor, ou dúvida, enfim, ante os olhares inoportunos do espia (o *gardador* dos poetas provençais). Frente ao encanto e à frieza do ser amado, só resta ao poeta enamorado o recurso do menosprezo e do desplante final[43].

De modo geral a poesia que se escreveu em estrofes nos séculos XI e XII, ainda que fosse panegírica, era essencialmente amorosa. Se o panegírico ficava na dependência de um prelúdio de tema amoroso, era porque este estabelecia o ponto de comparação entre os dois tipos de amor que se celebram, o amor pelo amado e o "amor" por aquele a quem se louva. No panegírico, o amor protagonizado no prelúdio torna-se inferior tão logo se enaltecem as qualidades elevadas do louvado: este deveria substituir a figura do amado que se anuncia no início do poema, ultrapassando-a nas qualidades.

43. Josep Mª. Solá-Solé, 1990: 17-18.

Os zejéis de Ibn Quzman – os de estrutura normal, esteja claro – nem fugiram a essa convenção de combinar prelúdio e louvor, nem deixaram de mencionar os tópicos de amor melancólico usados na *muwaxxaḫa*; ultimamente, porém, eles têm sido interpretados mais como uma "sátira em potencial"[44] do que propriamente um elogio.

Uma Organização Velada

James T. Monroe tem-se dedicado a "fazer um estudo literário crítico da obra de Ibn Quzman, poema por poema, a fim de poder examinar o seu gênio poético em termos mais gerais"[45]. O arabista observou que a maioria dos zejéis quzmanianos, como muitas composições poéticas do século XII, está estruturada "de acordo com os princípios da composição circular (*ring composition*), isto é, à base de estrofes organizadas em quiasmo temático[46]. A intenção principal de um zejel composto segundo estes princípios está contida na estrofe central do poema, enquanto que as demais estrofes confrontam ou complementam essa idéia, alternando-se as estrofes do eixo superior com suas correspondentes, em ordem de disposição, no eixo inferior.

Desse modo, a leitura não se faz no sentido vertical, como é o costume de hoje, mas em círculos. Na leitura de um zejel de nove estrofes, por exemplo, deve-se considerar a 5ª. estrofe como a primeira, seguida da 4ª. e 6ª., da 3ª. e 7ª., da 2ª. e 8ª., da 1ª. e 9ª., ficando, neste caso, o prelúdio (estrofe 0) geralmente ligado à primeira estrofe.

Como, ainda segundo esta leitura, as idéias desenvolvidas no eixo inferior contrastam, via de regra, com as anunciadas acima da estrofe central, pode-se dizer que as idéias contidas no final do zejel contradizem as que estão no seu início: neste caso, o prelúdio comunica exatamente o inverso daquilo que propõe.

44. James T. Monroe, 1985-86: 794.
45. James T. Monroe, 1988: 853.
46. James T. Monroe, 1985-86: 783.

Parece perfeitamente cabível, agora, a afirmação genérica de que a diferença do zejel em relação à *muwaxxaḩa* consiste fundamentalmente na substituição da *ḵarja* pelo prelúdio. No caso da estrofe clássica, a crítica visando ao sistema preestabelecido de valores, o do amor aristocrático das cortes, deixa livre de vulgaridades o sistema criticado, pois a parte em árabe clássico reproduz os conceitos típicos da poesia erudita; a crítica se faz somente através da ironia que se revela na voz populesca das *ḵarajāt*, num procedimento que não deixa de se mostrar evasivo e descomprometido com relação à tradição de que vimos falando até agora, uma vez que a *ḵarja* não passa de um apêndice.

No caso do zejel, o sistema é criticado em si mesmo e, por isso, a crítica se torna mais contundente e teoricamente menos velada, o que poderia acarretar sérios problemas ao poeta que contestava os valores daqueles mesmos que ele deveria louvar. A saída para este impasse teria sido a caracterização da personagem Ibn Quzman como bufão.

O Bufão

Caracterizado como tal, o poeta-personagem se declara um ser inofensivo, à medida que ele se assume como um desajustado social, cujo papel, na poesia, é divertir os normais através do riso que a sua narração desperta:

> Sua [dos bufões] anormalidade anti-social ajuda a criar no auditório uma comunidade espiritual que reforça as normas que estão implicadas na sua infração. Em conseqüência, estes personagens são repelidos pelo próprio riso que provocam e, "neste sentido, o riso implica superioridade, a superioridade do grupo que pratica a norma, em contraste com o indivíduo anormal cujos excessos [esse grupo] restringe"[47].

47. William Riggan, *Pícaros, Madmen, Naïfs, and Clowns: The Unreliable First-Person Narrator*. University of Oklahoma Press, Norman, 1981: 108, *apud* James T. Monroe, 1985-86: 792-793.

Como num jogo de espelhos, no entanto, o poeta passa a tomar como suas as atitudes de quem ele deseja criticar. Com isso, Ibn Quzman angariou-se a fama de hipócrita, no sentido moral e religioso, miserável, beberrão, adúltero e homossexual estuprador, dentre outras qualidades desta índole que estiveram em evidência na sociedade daqueles tempos. No seu ofício de poeta, o riso arrancado às platéias foi servindo a um e outro como véu de hipocrisia usado para cobrir a libertinagem[48], que o poeta deixava vazar nos seus versos.

Como bufão, o personagem convidava o ouvinte[49] a considerá-lo como um narrador de sucessos nada digno de confiança; a sua representação dos fatos era sempre suspeita e contraditória; além do mais, suas ações não condiziam com o que ele pregava de si, pois, como poeta – e em conformidade com o anatema lançado no Alcorão contra os poetas: "Não os vês vagando pelos vales, a dizer justo o que não fazem?"[50] – ele parecia o oposto do que dizia ser; ao mesmo tempo, o personagem se colocava em situações que o revelavam bobo, estúpido e sem personalidade própria, seguindo o que lhe diziam, antes do que lhe recomendava a consciência; débil de caráter moral, levava uma vida de equívocos, largado ao prazer do vinho e do amor a efebos e belas escravas, mas, quando preciso, era capaz de simular temporariamente um arrependimento, para, em seguida, insinuar uma intenção de reconduzir a vida anterior, pouco exemplar, de beberrão e fornicador, e anticortesão, isto é, não-refinado, capaz de cenas grotescas como assar churrasco em plena cena idílica, numa demonstração de que o que ele dominava mes-

48. Aqui, valho-me da expressão de Federico Corriente, 1984:13: "el libertinaje volvía a necesitar del velo de la hipocresía".
49. Seus zejéis, como ele mesmo atesta, eram geralmente recitados; a transmissão via a escrita teria ficado restrita a casos isolados. Segundo o prólogo do *Cancioneiro*, Ibn Quzman juntou seus zejéis para que, no futuro, se soubesse serem dele e não de outro. Ver Corriente, 1984: 45.
50. "Sura dos Poetas", versículo 224-5: "Alam tara annahum fi kulli wādin yahīmūn, wa-innahum yaqūlūna mā lā yaf'alūn". Ver também tradução de José Pedro Machado, 1979: 389.

mo era a arte da chacota e da hipocrisia, razão por que, hoje como outrora, seus textos devam ser interpretados levada em conta, quase sempre, a presença de ironia[51].

A Burla contra o Alfaqui

É fácil de se imaginar o incômodo que poetas como Ibn Quzman deviam causar na Andaluzia almorávida. O personagem bufônico, neste caso também, teria servido ao poeta para atacar indiretamente o poder representado pelos alfaquis defensores de uma versão bastante puritana da ortodoxia islâmica[52].

Na literatura árabe, a burla[53] literária, ou o recurso de afirmar pela via indireta, nasceu com os modernistas de Bagdá e, desde então, não deixou de ter adeptos. Abū Nuwās, Badī‘ az-Zamān al-Hamaḏānī e Ibn Quzman formam a tríade de literatos que melhor refletiram, cada qual a seu modo, um tipo de pensamento discordante com relação ao seu tempo – mas nem por isso anticonvencional – através de procedimentos estéticos reveladores dessa postura[54].

Abū Nuwās, no século IX, reconheceu a grandeza dos tópicos singelos mas heróicos da *qaṣīda* pré-islâmica, ao mesmo tempo em que se levantou contra o seu uso na poesia das cortes bagdalis altamente eruditas e refinadas. Sua oposição se demonstrou no estilo retórico conhecido por *badī‘*, cuja intenção é

> tentar seduzir o leitor através de sua eloqüência, ao mesmo tempo em que tenta cobrir com um véu de incertezas os excessos do narrador e suas falsas argumen-

51. Para este parágrafo, valho-me da apreciação que James T. Monroe (1985-86: 776-792) faz do quadro moral da personagem criada por Ibn Quzman para o zejel n. 137.
52. Ver capítulo anterior, item Os Alfaquis.
53. Isto é, "escárnio", termo que evito para diferenciar a burla do zejel quzmaniano do escárnio das cantigas galego-portuguesas.
54. Cf. James T. Monroe, 1985-86: 795-799.

tações. No entanto, o poeta convida ao mesmo tempo o leitor para que levante esse véu [...] O autor implícito da poesia de Abū Nuwās [mostra-se] de fato apóia[r] a moral convencional[55].

Al-Hamadānī, no século X, levará sua crítica para dentro da *maqāma*, um relato imaginativo em forma de prosa, criando o tipo pícaro para condenar a sociedade em geral[56]. Defensor da doutrina que pregava o livre arbítrio e visando ao deboche contra a doutrina ortodoxa da predestinação, os personagens de al-Hamadānī "justificam as suas faltas como resultantes não de suas próprias decisões, mas como o resultado de um destino hostil"[57].

Por sua vez, a crítica feita por Ibn Quzman generalizou-se à classe dirigente, desde os literatos e vizires até os alfaquis. Corruptos, estes pregavam aquilo que deixavam de cumprir entre quatro paredes; rígido, o seu regulamento só atingia a exterioridade: "Havia chegado Hārūn *ar-Raxīd*"[58] – no sentido literal do termo, isto é, "o reto" –, dizia Ibn Quzman, referindo-se à vigilância excercida pelos alfaquis e evocando os contos das *Mil e Uma Noites*, em que tudo era permissível em certas condições.

Numa burla que James T. Monroe[59] depreendeu a partir da análise do zejel n. 148, o personagem mostra o alfaqui como um homem que vive um mundo abstrato, movido por leis que simplificam e, por isso, banalizam a vida, já que a figura do religioso e jurisprudente tem na razão o único parâmetro para julgar o conceito complexo que o personagem faz de sua vida. Nesta, valem a sensorialidade e, portanto, a concretude ao invés da abstração. Em outras palavras, o mundo do poeta, que é naturalmente artificial, é superior ao mundo concebido pela

55. *Idem*, 795.
56. Sobre o gênero *maqāma*, ver Zipora Rubinstein, 1993.
57. *Idem*, 796.
58. Zejel n. 50, in Federico Corriente, 1980: 336-337 e 1984: 137.
59. James T. Monroe, 1988.

religião, representada, neste caso, pelo alfaqui. O personagem quer dar a entender que "a verdade corresponde a uma realidade mais complexa que aquela vista pelo alfaqui"[60].

Num outro zejel, o de n. 137, a voz lírica parece ser a de "um personagem literário que reflete os valores de um autor implícito, o qual reprova a vida pouco convencional de sua personagem e de suas duvidosas argumentações"[61]. Caso se estendam estas palavras de Monroe para outros zejéis do *Cancioneiro*, pode-se imaginar Ibn Quzman como um homem terminantemente preocupado com a moral e a ética de seu tempo, que ele se esforçou por dar testemunho, veladamente acre e sentido, sob a superfície alegre, irônica, vital e festiva que a ocasião requeria. O mundo em que poeta e alfaqui viveram era ambivalente e irreconciliável: Ibn Quzman, um bufão, ao mesmo tempo irônico e hipócrita, não chegou a resolvê-lo.

A Burla contra o Amor

A bufoneria de Ibn Quzman também está presente no trato que o poeta dedicou ao tema do amor e dos amantes. Era de tradição que esse tema fosse o mais cultivado na posia árabe: apareceu nos fugazes prelúdios (*nasīb*) das *qaṣā'id* pré-islâmicas; logo ganhou ênfase com o Islão omíada, adquirindo um matiz fortemente espiritual (*ḥubb 'uḏrī*); sob o governo dos abássidas, chegou a ser destacado da *qaṣīda*, criando um gênero novo, de curta extensão, o *gazal*, que cantou o amor ilícito, ou carnal (*ḥubb ibāḥī*); mais tarde na Andaluzia, foi a pérola dos *muwaxxaḥat*, o ornamento que, dentro do panegírico, chegou a ofuscar o louvor. No século XI, o amor passou a ser o principal tema da poesia, aparentado aos temas báquicos e anacreônticos e revestido com a

60. *Idem*, 868.
61. *Op. cit.*, 792.

melancolia[62] característica do amor puro, ou virginal, conhecido por *'udrī*.

A comicidade nos zejéis de Ibn Quzman surge quando o narrador apresenta à revelia os dois tipos de amor da poesia árabe, o puro e o ilícito – o primeiro, que ele nomeia, repudiando-o ("Afasta de mim 'Urwa e Jamīl"[63]), e o segundo, que ele descreve em pormenores:

Deixa o purismo! Ama os meninos!
Se o amado anda casto, indeciso,
de um jeito ou de outro dá-lhe mais vinho.
Bebeu e ainda resiste o rapaz?
Cai até o leão com um copo a mais[64].

No entanto, o seu estado como amante é descrito, ao mesmo tempo, com os sintomas característicos do amor impossível, aquele que, não se consumindo a não ser num nível espiritual, leva o amante ao sofrimento, à perda do vigor físico e, enfim, à morte fictícia, que quereria simular a rendição total do ser ante o amor inatingível do terrível amado:

O amor me deixou amarelo e magro.
Olha-me e verás como estou mudado.
Na certa, me dirás: – "Como estás pardo!"
Quanto às roupas, vão sem corpo e, de mais
a mais, de mim ouvirás ais mais ais[65].

Pode-se dizer que o estado de amor reproduzido por Ibn Quzman devia ser a conseqüência de uma mera convenção – pertinente –, um lugar comum que ajudava a marcar, na composição, a presença de deter-

62. Cf., *supra*, os tópicos do amor melancólico.
63. Zejel n. 123, in Corriente 1980: 796-797. Jamīl al-'Udrī, poeta "platônico", apaixonado por Buṯayna, morreu em 701; 'Urwa al-'Absī foi poeta errante do pré-Islão.
64. *Idem*, 798-799.
65. *Idem*, 796-797.

minada situação amorosa, pois, como nos demais zejéis em que se observa a inversão de valores, o amor que acaba sendo identificado na burla parece ser do tipo carnal. Mesmo assim, recomenda-se certo cuidado em examinar essa questão, à medida que, inclusive, o amor carnal, quando ele está idealizado, depara-se com uma burla que desfaz o sugerido.

O tema do amor também não se dá por si mesmo; associa-se com uma prática literária que pressupõe uma estética e uma moral específicas. O poema amoroso, o prelúdio de um panegírico, ou ainda o panegírico-requebro confrontam dois mundos igualmente irreconciliáveis: o da plebe e o da aristocracia.

Para começar, o zejel que Ibn Quzman dignificou, elevando-o à categoria de poemas de corte, surgiu num meio plebeu. Para os literatos eruditos, que se orgulham de uma longa tradição clássica, a origem baixa e obscura do zejel depõe contra ele; além do mais, o dialeto que se escuta no zejel lembra a esses homens refinados que as suas atenções incidem fora do palácio. Mesmo assim, aceitam-no: pelo divertimento; por tratar de assuntos que só tocam ao bufão, afinal é o personagem quem experiencia a vulgaridade.

No entanto, a burla persiste: o amante é inexoravelmente aristocrático, e o amado, que pode vir do mercado público – a escrava, a berbere adúltera, o copeiro ou a copeira molestada, o vendedor –, pela burla e pelo jogo de inversão, passa a ser o louvado. O amado – o vizir, o filho deste, o letrado, o secretário – passa a merecer os mesmos atributos morais do plebeu.

A burla se dá quando o amante aristocrático se passa por plebeu pela simples razão de ele aspirar ao amor de alguém hierarquicamente inferior, o que é reforçado, no poema, pela ambigüidade do narrador, que tanto pode ser adepto do amor puro, como ainda do carnal. O poeta estaria denunciando uma prática de hipocrisia dos letrados que trocam o amor melancólico e espiritual por um folguedo carnal e fugaz.

Para culminar, ambos os tipos de amor – que, na poesia erudita cortesã, só se apresentam de modo elegante – são dramatizados por Ibn

Quzman na língua vulgar que pode chegar, por vezes, a registros bastante baixos: em suma se está trocando o erudito pelo popular.

Outra vez, o leitor de hoje e o ouvinte medieval se vêem solapados pela forma, o conteúdo, o anunciado, o cumprido e, principalmente, pelo jogo de espelhos que se estabelece entre estes elementos, tirando-lhes a estabilidade enganosa.

Anunciado e driblado o amor melancólico, o personagem narrador se revela como uma artimanha a mais do poeta capaz de apresentar o moderno como a antítese do convencionalismo, mas não ainda como uma vitória de um sobre o outro.

A Burla contra o Mecenas

O núcleo do mundo de Ibn Quzman é ele mesmo. O *Cancioneiro* todo parece uma ode a sua capacidade de afirmação como o maior poeta do seu tempo. Isso por si é um procedimento consagrado na lírica árabe: o *fak̲r*, ou auto-vanglória, tocou um dos poetas clássicos mais admirados na Andaluzia, o sírio do século X, al-Mutanabbī. Mas a vanglória, no caso de Ibn Quzman, não se restringe a um dado de estilo; antes, funda o estatuto do zejeleiro do século XII.

Compor panegíricos e poemas de amor endereçados a determinados seres é uma prática tão antiga na poesia árabe, quanto universal. A diferença do zejel com relação à *qaṣ̥īda* e, mais recentemente, à *muwaxxaḫ̥a* é que o horizonte do gênero vulgar é a rua, o mercado e, no máximo, a sala de espera, as ante-salas das cortes; o zejeleiro mendiga a bem pouco preço: por farinha, azeite e pão. Ainda que não sejam tomados ao pé da letra, estes pedidos garantem que se estabeleça, entre poeta e mecenas, a relação de dependência, tanto estreita como necessária, que só os grandes poetas conseguem afrouxar.

Ibn Quzman, que teve muitos mecenas, passa o tempo todo tentando provar que, mesmo pedinte, ultrapassa, na hierarquia, aqueles de cuja ajuda imprescinde para manter o seu ofício. Pode-se dizer que, para ele, o mundo ideal deve ser concebido como uma constelação de vários mecenas gravitando ao redor de um único poeta, ele próprio, ainda que, a princípio, deva-se reconhecer o inverso: a horda de poetas é que cerca um mecenas. Há uma estrofe de Ibn Quzman que toca em cheio essa imagem:

> Andando vão na frente e em torno os cervos
> na espera de uma ordem, feitos presos.
> Ao menor sinal, e por mais pequeno,
> se esparzem ao redor como os pardais[66].

Os cervos (gazelas no texto árabe[67]) obedientes desta última estrofe do panegírico-requebro n. 6 do *Cancioneiro* são os "moços bonitos, mas travessos" aos que, no prelúdio, o poeta-personagem recomenda "serem como o amado" que receberá o elogio-galanteio, "bonito e comportado".

Na leitura deste e de muitos outros poemas, caso se levem em conta a ironia e a organização circular das estrofes, o papel do poeta aparece claramente rivalizado com o do mecenas. Enquanto na estrofe final, é dito que o louvado tem a seu dispor um grupo de beldades (*miláḫ*) que dele dependem, na primeira, é o poeta quem declara: "já vi todo tipo de amados". Só aparentemente o poder está na mão do louvado; na verdade, o autor quer dizer, através do seu personagem-narrador, que o posto central na roda que formam os cervos-pardais pode e deve ser ocupado pelo poeta, que já experimentou todas as formas de mecenato (amor).

Como este zejel é um panegírico-requebro e tem, como vimos, uma estrutura arquiunitária, o binômio louvado-amado faz par ao do poeta-amante. Quando a relação mecenas-poeta estiver esgotada, o amante

66. Zejel n. 6 in Corriente, 1980: 38-39.
67. Uso cervos para *gizlán* (gazelas) por licença poética de tradução.

disporá do mesmo poder de que dispõe o amado: fará com que o mecenas se disperse.

A transformação ambivalente da condição quadrúpede das gazelas – símbolo do amado na poesia palaciana – em animais alados – mas comuns – acompanha outra mudança: a troca de posto entre o poeta-amante e o mecenas-amado.

Os pardais que voam, como sugere a estrofe final, ganham dos cervos na liberdade e na singeleza, assim como a condição do poeta aparentemente humilde supera a do rico mecenas: um paga com bens; o outro, com arte.

O SOM E O SENTIDO

EDIÇÕES E TRADUÇÕES

Para a edição do *Cancioneiro de Ibn Quzman*, observam-se duas peculiaridades do manuscrito: ele está escrito num árabe dialetal – o que pressupõe uma gramática e uma métrica diferenciadas das do clássico – e parece estar alterado, em determinadas passagens, pelo copista oriental do século XIII e seus possíveis predecessores, que desconheciam a verdadeira natureza lingüística e prosódica do livro que tinham nas mãos, um problema que, há bem pouco tempo, tocou também os estudiosos modernos, fossem eles árabes ou não[1].

Hoje já é possível se falar numa língua do "zejel árabe-andaluz"[2] e numa outra especificamente "quzmaniana"[3], do mesmo modo como é certo

1. Neste estudo, não citei os poucos autores árabes que se dedicaram ao estudo do *Cancioneiro*, por não ter tido acesso a sua obra. Mesmo assim, cito o principal deles, que deu uma edição parcial do *Cancioneiro*: AL-AHWĀNĪ, Dr. 'Abd al-'Azīz. *Az-Zajal fī al-Andalus (muḫāḏarāt)*. Cairo, Liga Árabe: Instituto de Altos Estudos Árabes, 1957.
2. Cf. Federico Corriente, 1977.
3. Cf. *idem*, 1977, 1980, 1992, 1993. Ver, neste livro, no capítulo "Quzmanologia", o item A Dialetologia e também "A Língua do Zejel de Ibn Quzman".

que os metros adaptados do *'arūḍ* clássico[4] podem não ser os mesmos – geralmente não são[5] – num período e noutro da literatura andaluza, apesar de que, tanto no caso da língua como no da métrica de zejéis e *muwaxxahāt*, possa-se falar numa mesma natureza andaluza, ou árabe-andaluza, com base em que, na Granada do século XV, a poesia de Ibn Quzman, por exemplo, devia ser entendida pelos andaluzes com relativa facilidade[6].

A edição do texto do *Cancioneiro*, como vimos em capítulo anterior, recebeu e continua recebendo revisão, desde a primeira, rudimentar, de Alois Richard Nykl, publicada em 1933. A esta seguiram-se a de Emilio García Gómez, de 1972, e as de Federico Corriente, de 1980, 1984 e 1989[7]. Somadas, todas elas contribuíram para resolver as dificuldades textuais do *Cancioneiro*, ficando sem solução praticamente as partes ilegíveis por deterioração natural do manuscrito[8].

A edição de 1972, decisiva no seu tempo, foi também a primeira grande edição do *Cancioneiro*. Ela apresentou uma transliteração latina de todos os zejéis atribuídos a Ibn Quzman, tomando como base uma tese métrica de caráter filológico-literária, a silábico-acentual, inspirada nos arranjos rítmicos de uma hipotética poesia européia antiga; além disso, deu a conhecer o significado de praticamente todas as palavras e expressões contidas no *Cancioneiro*, valendo-se, para tal, dos léxicos medievais disponíveis[9].

As edições posteriores, encabeçadas pela de 1980, romperam com a anterior num ponto crucial: a hipótese métrica desta vez tinha uma orien-

4. Ver capítulo "Quzmanologia", os itens A Dialetologia e A Contribuição de Federico Corriente.
5. Cf. Federico Corriente, 1982-1983.
6. Prova disso é a grande semelhança que há entre a língua do *Cancioneiro de Ibn Quzman* e as escrituras do século XV. Cf. Corriente, 1992.
7. Ver capítulo "Quzmanologia". Não cito as edições parciais. Corriente (1993: 7-8) anunciou uma edição no prelo, a sair no Egito, com base numa consulta direta do manuscrito. Mesmo assim, o léxico do *Cancioneiro de Ibn Quzman* editado por Corriente em 1993, por sua vez, deixa entrever a edição anunciada.
8. Cf., no entanto, o capítulo "Quzmanologia", o item A Contribuição de Federico Corriente.
9. Ver capítulo "Quzmanologia", o item A Contribuição de Emilio García Gómez.

tação lingüística: a língua acentual do zejel, com métrica acentual, tal qual a concebera a tese de 1972, obedecia, desta vez, aos modelos de uma prosódia árabe, a clássica e oriental, mas em conformidade com as tendências específicas da fonologia do dialeto árabe-andaluz durante os séculos XI e XII[10].

A mudança dos referenciais do *Cancioneiro* – do Ocidente para o Oriente – não alterou, porém, os significados definidos, em seu conjunto, por García Gómez, ainda que tenha gerado uma nova leitura para várias passagens que ainda permaneciam obscuras, ou duvidosas, seja por incompreensão do editor de 1972, seja por força do novo estabelecimento do texto, que levou à restauração de alguns vocábulos – alterados ou pelos copistas ou pelos editores[11] – a um estado original mais condizente com a natureza do dialeto andaluz e a métrica pressuposta.

As traduções – todas espanholas – refletem as preocupações de seus editores; em alguns casos, são até mesmo tomadas como alternativa de edição.

Os erros da primeira tradução (a de Nykl), por diversas vezes apontados pelos críticos[12], só se referem à má compreensão do editor para com o texto que ele estabelecia: seus méritos de tradutor não foram cogitados.

O mesmo tipo de crítica se poderia fazer a Corriente. As traduções de 1984 e 1989 têm por objetivo melhorar a edição básica de 1980 – "como pode apreciar quem tenha acompanhado a edição corrigida e não publicada que subjaz na nossa primeira e segunda edição de sua [do *Cancioneiro*] tradução castelhana"[13], especifica Corriente. Elas são, por isso mesmo, edições intratradução: as notas que acompanham os textos espanhóis remetem ao texto árabe de base, interferindo nele, desviando-o, conforme prefacia o tradutor em 1984:

10. *Idem*, A Contribuição de Federico Corriente.
11. Cf., particularmente, Federico Corriente, 1980a.
12. Ver capítulo "Quzmanologia", nota 38.
13. Federico Corriente, 1993: 7.

Durante o tempo transcorrido desde aquela publicação até o momento presente, não nos foi possível desviar totalmente a nossa atenção nem da edição efetuada, nem do manuscrito único em que se baseia: fruto disso foi um estudo... e *a tradução* que inexoravelmente nos vimos obrigados a abordar, *como método de precisar os matizes do texto e de alcançar uma formulação mais exata de sua edição*[14].

Para proporcionar aos estudiosos da literatura medieval "uma referência atualizada sobre o conteúdo autêntico do famoso *Cancioneiro*"[15], a fórmula encontrada por Federico Corriente foi a da

tradução exata, com a qual se possa formar uma idéia cabal da mensagem e da bagagem ideológica do poeta, uma vez que, obviamente, para poder julgá-lo esteticamente, é necessário poder ter acesso ao texto original e amplos conhecimentos de estilística e poética árabes[...]

Sendo uma tarefa árdua e fora do nosso alcance tentar uma tradução em verso, limitamo-nos a *reproduzir a versão castelhana que o original sugeria, com a exigência de que fosse literal dentro do possível*, sem tratar de evitar arcaísmos provocados pelo sabor às vezes antiquado do texto, e sem nos preocuparmos com que, ao traduzir alguns versos, o reflexo castelhano adotasse às vezes e inconsistentemente formas acordes com determinados metros da nossa língua[16].

Se a tradução de Corriente se absteve de explorar a dimensão estética do texto, ela ganhou na precisão dos conceitos ou, como prefere o autor, na "refração" semântica da sua edição, além do que, a tradução de García Gómez já empreendera a tarefa árdua de recriar em língua espanhola os ritmos do *Cancioneiro*, explorando, com esse procedimento, um dos traços mais característicos da estrofe zejelesca.

Ao enfatizar a questão métrica, a tradução de García Gómez, de modo geral, relativizou a estrita fidelidade semântica dos poemas, pro-

14. *Idem*, 1984: 33-34. Grifos meus.
15. *Idem*, 1984: 34.
16. *Idem*, 35-36. Grifos meus. Na fonte, o período deste segundo parágrafo antecede o que está no primeiro.

curando mais a "boa expressão espanhola que a escravidão literal"[17]. Para refletir o texto editado em ritmo acentual, a tradução foi operada na base de um tipo de decalque que visou

> desde o primeiro verso até o último, o mesmo número de sílabas e exatamente igual estrutura rítmica (não de rimas, o que seria pretender o impossível): poema por poema, e hemistíquio por hemistíquio[18].

Ibn Quzman era definido em termos métricos; a sua expressão dependia, por este motivo, da impressão que causava ao ouvido tradutor e editor o texto árabe que, por sua vez, era definido a partir de uma hipótese ao mesmo tempo intuitiva e dedutiva: tudo, na leitura do manuscrito, levava a crer que se tratava de uma língua e métrica de natureza acentual; devido, à epoca, à precariedade dos estudos em dialetologia árabe, isso exigia do editor procurar, como parâmetros para fixar os metros dos poemas, os modelos naturalmente silábico-acentuais, como os europeus, já que a lírica árabe, de medida quantitativa como a greco-latina, desconhecia o acento rítmico[19]. Tanto a edição árabe como a tradução espanhola ficaram "enquadradas" aos ritmos aparentes[20].

Emilio García Gómez, com seu propósito métrico, e Federico Corriente, com a refração semântica, partiram de e chegaram a, na verdade, textos distintos, cada qual ao seu modo e conforme o seu pendor. Suas versões, árabes (a edição, a partir da cópia do manuscrito) ou espanholas (a tradução, a partir do texto editado), não deixam de se inserir num procedimento maior do nosso tempo, o de fazer da filologia, da crítica literária ou da lingüística o instrumento de apoio para o acesso aos textos antigos de tradição problemática. Suas intervenções teriam sido, ao mesmo tempo, o resultado de uma interpretação vazada por

17. Emilio García Gómez: I, xii.
18. *Ibidem*.
19. Ver capítulo "Quzmanologia", o item A Contribuição de Emilio García Gómez.
20. Cf. Emilio García Gómez, 1972: I, xi.

alguma dose de subjetivismo, que não é outra coisa senão a "hipótese [neste caso, imprescindível] de trabalho"[21], sem a qual nada se faz de objetivo.

O Duplo

O texto do qual a tradução de Ibn Quzman deveria partir está longe de ser "fixo" e "rígido", como reza uma opinião de consenso na tradutologia com relação ao chamado "texto original"[22]. Este, no caso de Ibn Quzman, tanto quanto a sua contraparte, o "texto da tradução", só podem ser definidos dentro de uma perspectiva diacrônica, que leve em conta a história das edições do manuscrito único. Qualquer outro procedimento que relegue esta história incorreria no anacronismo de pressupor como um produto puramente medieval um texto interceptado e definido como tal pelos juízos do nosso tempo, ou na crença de que a mediação da modernidade no texto medieval se dá numa instância única, o que de modo algum corresponde aos fatos.

O editor-tradutor, na verdade, acaba ocupando uma posição ambivalente: define o texto original, cria-o de certa forma, para depois recriá-lo em outra língua. Este exercício, decorrente, por sua vez, da natureza flexível do texto quzmaniano, abre precedência a outras mobilidades: como a escrita árabe medieval não estava, e ainda não está[23], preparada para refletir a fonologia e a métrica do zejel árabe-andaluz, tem parecido inevitável uma transliteração latina do texto árabe para que ele seja efetivamente compreendido[24]. Por esta razão, a língua da tradução – lín-

21. Cf. Paul Zumthor, 1972: 71, citando C. Segre.
22. Assim, por exemplo, referiram-se ao texto original Vinay e Darbelnet, 1968: 46.
23. Cf. Emilio García Gómez, 1981: 59.
24. Segundo o finlandês Oiva Johannes Tuulio que em 1941 editou e traduziu sete zejéis de Ibn Quzman, "la translittération a je ne sais quoi de plus intelligent", apud García Gómez, 1981: 61.

gua neolatina – acaba circunscrita na língua do texto original transliterado, o que, em outras palavras, sugere que determinados aspectos daquela, como, no mínimo, os da sua ortografia (a indicação dos acentos rítmicos e da pontuação que, definitivamente não aparecem no texto árabe), acarretam, aos olhos do tradutor, algum tipo de interferência na língua, ou mesmo na linguagem, do texto que se propõe verter, à medida que a plasticidade da transliteração contém elementos reconhecidamente latinos.

Para o público menos especializado, arabista ou não, as edições e traduções que se fizeram, ainda que "hipotéticas" e "perfectíveis", como as qualificou Federico Corriente[25], representam, ou mesmo substituem, numa relação interativa, o manuscrito original recluso no Museu de Leningrado e tornado acessível somente pelo recurso moderno da fototipia[26]; para esse mesmo público, já não parece tão sensível a divisão entre o que seja um manuscrito medieval, uma edição moderna, ou uma tradução: existe, isto sim, um Ibn Quzman referido em instâncias e linguagens distintas, é verdade, mas complementares.

Nova Tradução

No caso de se pretender outra tradução da poesia de Ibn Quzman, o ponto de partida que se coloca é definir o texto mais preciso dentre os demais. Neste caso, a escolha recai nos trabalhos de Federico Corriente, justamente quem retoma a contribuição dos predecessores, apoiado por critérios lingüísticos e prosódicos que aos estudiosos têm parecido mais consistentes, do ponto de vista da especificidade da língua do zejel[27].

No entanto, por mais que sejam exatas a edição corrientiana e a tradução, seu reflexo semântico, elas revelam ainda somente algumas das

25. Federico Corriente, 1984: 34.
26. Corriente (1980: 10) confrontou duas cópias do manuscrito, a de Gunzburg, de 1896, e outra concedida pelo governo soviético através de sua Embaixada em Madrid.
27. É a opinião, por exemplo, de James T. Monroe (1985-86: 770).

facetas da poesia de Ibn Quzman, à medida que o arabista tradutor deixa de explorar as implicações estéticas do texto que edita. Atualizou o conteúdo semântico das palavras, mas não o seu arranjo dentro do poema. Com isso, a tradução de Corriente se coloca parcial.

Um outro caminho, o que adotou Emilio García Gómez, aponta para uma dimensão mais específica do *Cancioneiro*, a de sua música textual: o ritmo métrico. Os significados que este autor possa ter atribuído às (ou, para quem prefira, tirado das) expressões do texto foram formulados sobre a base estética do som; nesse caso, a lógica sensorial antecedeu a lógica da razão, do sentido, já que o texto em mira, além de poético, tinha algo de musical, porque zejelesco, regido pela pulsação do ritmo[28].

Os pressupostos da tese hispânico-acentual defendida por este autor parecem de fato não corresponder à estrutura de pensamento dos séculos XI e XII: os andaluzes deviam muito pouco à cultura romance minoritária e, em certo sentido, menosprezada pelos cultos e eruditos cortesãos da Andaluzia das Taifas. O referencial de Ibn Quzman, em pleno governo de alfaquis e berberes, era a poesia de seus antepassados orientais: uma referência aclimatada, realmente, mas decisiva enquanto referência. No entanto, a percepção garcía-gómeziana tocou este referencial no seu aspecto miscigenado: a natureza do ritmo acentual de sua tradução combina com a da língua do zejel, ainda que não com a formulação métrica deste. A métrica do zejel, o *'arūḍ* adaptado ao acento árabe-andaluz, será precisa nas teorias de Corriente.

Mas este, por sua vez, na sua edição de 1980, ainda julgava desnecessária uma nova tradução,

> já que a maioria das nossas emendas afetam a realização do texto dialetal e a interpretação métrica dos zejéis, mas relativamente pouco ao sentido destes, tal como os interpretou García Gómez. Em compensação, as notas ao pé do texto editado permitem ao leitor conhecedor do árabe entender as passagens dialetais mais difíceis; como, por outra parte, as ditas notas diferem geralmente em con-

28. Ver capítulo "Quzmanologia", o item A Contribuição de Emilio García Gómez.

teúdo das da edição de García Gómez, pode ser muito útil seguir cada zejel em ambas as edições simultaneamente[29].

Se a interpretação de García Gómez, dada em ritmos romances, podia, em certas condições, satisfazer o editor de 1980, quatro anos depois, uma tradução descomprometida com o ritmo – mas "fiel", "exata" e "refratora" dos sentidos de um novo original – era dada como um meio eficaz de acesso ao texto original, para um público desta vez mais amplo que aquele imaginado em 1980: o alvo eram os desconhecedores do árabe.

Na atual conjuntura dos estudos quzmanianos, quando se conhecem a língua, a métrica e praticamente todo o léxico do *Cancioneiro*; quando estudiosos da importância de Nykl, García Gómez e Corriente já se delegaram a tarefa de verter os significados e uma das faces melodiosas do zejel de Ibn Quzman, a pergunta que a nova tradução se faz é: que aspectos mais revelar de Ibn Quzman e, em vista da problemática característica, que interpretação dar a esses mesmos aspectos quando passados à língua da tradução?

Som e Sentido

Nas suas análises da poesia de Ibn Quzman, James T. Monroe tem demonstrado que a forma do zejel e o conteúdo semântico – os temas e a sua articulação dentro da composição – formam uma única estrutura indissociável[30]. A base desta estrutura é, sem dúvida, o discurso empreendido pelo narrador: a burla interpretada, capaz de inverter os referenciais internos da composição, revela-se nas palavras e nos feitos do bufão, que se revezam ao longo do poema. Então os significados que se possam construir na leitura do texto original se dão no nível do texto,

29. Federico Corriente, 1980: 9.
30. James T. Monroe, 1985-86: 799.

antes do que no da língua, isto é, na totalidade da mensagem mais do que nos seus segmentos; estes ficam na dependência daquela.

No entanto, o discurso do zejel é rítmico; tem seus significados na medida do som. Não se trata de dispor em paralelos o sentido e o som, mas de tomá-los numa unidade: o sentido é o som e o som é o sentido. O ritmo dentro dos pés que formam o verso metrificado, ou a repetição deste no decorrer do poema, não é mais importante que o ritmo derivado da dimensão sônica das palavras – a repetição de consoantes e vogais dentro do verso, as paronomásias, ou na sua extremidade, as rimas. Existe um ritmo que comunica em estreita relação com a mensagem ritmada; em outras palavras, um discurso do som[31] conectado à dança do sentido[32].

No final do prólogo ao *Cancioneiro*, Ibn Quzman contrapôs à língua artificial da prosa uma outra, desembaraçada, capaz de reter impressas – como que naturalmente – a graça e a beleza; essa língua era a da poesia, cuja leveza consistia em harmonizar, no som e no sentido, a intenção e a descrição do poeta:

> Chamei este meu livro "Acerto em Cheio: Às Honras Galanteio" [*Iṣābat al-a'rāḍ fī ḏikr al-agrāḍ*], emparelhando-lhe o som [*lafẓuhu*] e o sentido [*ma'nāhu*] para harmonizar minha intenção [*mā qaṣadnā ilayhi*] e minha descrição [*wawaṣafnāhu*]. E a partir daqui, com a ajuda de Deus Altíssimo, abandonamos a linguagem da prosa e passamos a imprimir [*naṭba'u*][33] beleza e graça com língua desembaraçada [*gayr 'aṯūr*][34].

A métrica do zejel, isto é, o *'arūḍ* de que várias vezes nos fala Ibn Quzman – o ritmo compassado, simétrico e regular – consiste num macro-

31. A partir de Henri Meschonic, 1990: 23-24.
32. Não, porém, como "a dança do intelecto entre as palavras" de Ezra Pound, que se refere a um tipo específico de logopéia; falo ainda em termos melopéicos.
33. Da raiz *ṭaba'a* deste *naṭba'u*, deriva o étimo de natural: poderia estar sendo dito algo como: "passamos a fazer naturais a beleza e a graça".
34. Ibn Quzman, apud Corriente, 1980: 6. Para o título, referido pelo poeta, valha, como tradução literal, a seguinte: "Acerto de propósitos em menção das honras".

elemento rítmico e condiciona, a seu modo, a mensagem do poema; porém, o ritmo que eclode das ressonâncias sonoras entre as palavras, seja por aproximação ou distanciamento entre os conceitos envolvidos, antecipa o ritmo métrico e persiste a este, ou melhor, quase que independe dele, subsiste por si mesmo e, com isso, comunica – também a seu modo. Pode-se falar então em dois ritmos que se realizam de modo concomitante.

As rimas e paronomásias, consistindo numa afinidade do sentido via a familiaridade sonora, formam o ritmo primordial do zejel. Tudo o mais secunda este princípio. A verdadeira poesia acaba imperando naquilo que a música das palavras permite realizar como mensagem, razão por que, para serem naturais e expressas em língua desembaraçada, as idéias se acondicionam ao princípio da rima. O próprio fundamento da vanglória de Ibn Quzman reside na sua naturalidade em fazer combinar som e sentido: se os tópicos do louvor são na maioria das vezes convencionais, as combinações sonoras não; é nelas que o poeta desdobra o seu talento. Para ele, o som natural é aquele que de algum modo se afina com a idéia que se quer passar, aquele que logra expressar os conceitos, harmonizando a intenção e a descrição, o pretendido e o que teve êxito.

A mensagem que se possa associar ao zejel de Ibn Quzman passa a ser lida a partir deste encontro do som com o sentido. Por esta mesma razão, a métrica e a rima têm norteado os editores no estabelecimento de um texto mais correto e fiel à natureza do zejel: de um lado, justifica-se pela gramática da língua e, de outro, pela gramática do ritmo; se alguma palavra ou parte dela falta ao verso, nada mais natural que recorrer ao metro, à rima ou à gramática, porque os sentidos parecem ter uma origem múltipla.

No caso da tradução do zejel quzmaniano, o decalque métrico de García Gómez e a tradução semântica de Corriente construíram os sentidos em duas de suas possibilidades de realização. A terceira e a quarta, as da rima e da paronomásia, ainda restam por explorar. Localizar as quatro vias e dispô-las numa única direção: é o que proponho na leitura dos zejéis de n. 1, 10 e 80.

A Escolha

O primeiro zejel do *Cancioneiro* é o que mais tem merecido edições e traduções completas: em 1933, por Nykl; 1972, por García Gómez; e em 1977, 1980, 1984, 1989 e 1992, por Corriente, das quais uma, a de 1977, foi traduzida ao inglês – à diferença das demais, todas em língua espanhola – e outra, a de 1980, foi editada em letras árabes ao lado da transliteração latina que caracteriza as restantes edições. Houve ainda uma edição deste zejel, bem como de muitos outros, feita pelo egípcio 'Abd al-'Azīz al-Ahwānī, em 1957, à qual não tive acesso[35], do mesmo modo como também não tive a oportunidade de consultar as edições e traduções de 1933 e 1989.

O zejel n. 10, de todos, é o mais traduzido. Além de ter figurado nas traduções básicas de Nykl (1933), García Gómez (1972) e Corriente (1984 e 1989), apareceu compondo a seleção de sete zejéis editados e traduzidos em francês pelo finlandês Oiva Johannes Tuulio, em 1941, e nas "Conférences sur l'Espagne musulmane, prononcées à la Faculté des Lettres [d'Alexandrie] en 1947 et 1948" de E. Levi-Provençal[36], além de ter tido outras três versões espanholas de García Gómez, em 1944, 1948 e 1952[37]. O zejel foi também traduzido parcialmente por Julián Ribera, em 1912, no famoso "Discurso" lido ante a Real Academia Espanhola[38], e por Nykl em 1946.

O zejel n. 80, editado em 1933, 1972 e 1980, foi traduzido em 1972, 1980, 1984 e 1989.

Quem destacou a importância destes três zejéis foi Emilio García Gómez quando incluiu-os na sua antologia de *El Mejor Ben Quzmān*

35. Ver nota 37 do capítulo "Quzmanologia".
36. Os trabalhos de Tuulio e Levi-Provençal foram duramente criticados por Emilio García Gómez, na sua "Bibliografía Utilizada (con Comentarios)" in *Todo Ben Quzmān*, 1972: II, 947 e 953.
37. Não pude consultar as obras de 1948 e 1952.
38. Ver nota 24 do capítulo "Quzmanologia".

en 40 zéjeles[39]. Contudo, bem antes, no *Todo Ben Quzmān* de 1972, os poemas já mereciam o destaque devido.

Nessa obra, a cada zejel traduzido o autor antepôs um pequeno prólogo, em que comenta em poucas palavras a estrutura métrica e temática, o assunto e as curiosidades do poema, além de classificá-lo em "bom", "excelente", "interessante", "interessantíssimo", "medíocre", "aprovado", "notável", "brilhante", "bem" ou "mal amarrado", "de boa técnica", "vivaz", "convencional", "chocho", etc. Para ele, enquanto no n. 80, "este breve e precioso zejel", "não há nenhuma única caída"[40], o zejel n. 10, que vinha sendo traduzido por ele desde 1944, é tratado nestes termos:

> Se tivesse que escolher um só zejel de Ben Quzmán, provavelmente eu teria que preferir este (por outra parte, talvez o mais vulgarizado). Evidentemente, é uma obra-prima pela sua ternura, ao mesmo tempo apaixonada e irônica, que destaca admiravelmente o diminutivo que fecha cada estrofe. Creio inútil, e até cruel, desfiar a análise neste borbulhar de cantadas[41].

O zejel n. 1, além da edição de 1980, pôde ser tomado por Corriente, em diversos momentos (1977, 1992), como material nas suas pesquisas lingüísticas, talvez por ser o primeiro zejel do manuscrito – e na certa importante por isso, já que ele e todo o *Cancioneiro* são endereçados ao aristocrata alamim al-Waxkī –, mas seguramente pelos elementos que oferece ao estudo gramatical; a partir deste zejel – mais, por exemplo, que os de n. 10 e 80 –, pode-se ensaiar um resumo satisfatório da gramática árabe-andaluza, já que não lhe falta a diversificação fonológica, morfológica e lexical, bem como a complexidade na construção sintática, típica, alías, do estilo da redação quzmaniana. Este interesse lingüístico, obviamente, não se limita ao zejel n. 1; quase to-

39. E. García Gómez, 1981.
40. E. García Gómez, 1972: I, 398-399.
41. *Idem*, p. 56.

dos os poemas do *Cancioneiro* apresentam problemas de ordem filológico-lingüístico que têm interessado aos estudiosos das mais diversas áreas[42].

No entanto, o que melhor define neste estudo a escolha dos três zejéis, não obstante a sua excelência estética, é a afinidade entre eles de temas e estruturas, bem como a qualidade que têm em caracterizar um tipo singular de composição dentro da obra de Ibn Quzman e da literatura árabe e européia até aqueles tempos. Refiro-me ao tema do amor, do louvor e da petição e à estrutura unitária, mais exatamente arquiunitária, cujo princípio ordenativo funde harmoniosamente os temas numa só unidade[43].

O Amor que Mata: Zejel n. 1[44]

O que, aparentemente, é um poema de amor logo se revela um panegírico. Mas, avançando um pouco mais, implicita-se um pedido: "Aceita-me como poeta único; não há ninguém que me supere, nem mesmo tu com teu poder".

De fato, o poema parece contrapor, do início ao fim, duas autoridades: a do amado sobre o amante e a do mecenas sobre o poeta. No prelúdio e nas três primeiras estrofes, está caracterizada a submissão do amante. Este não só parece aceitar a humilhação e o maltrato do amado, como também confirma o seu prejuízo: cativo, caído na rede do amor que mata, está como os escombros, envelhecido e seco; fraco, desmaia e tem de se apoiar nas paredes de sua casa. O quadro é humilhante, de fato, mas o amante resiste, pois, junto ao desespero, anuncia ter uma pitada de fé. Por esta razão, pode-se inferir, existe ainda a possibilidade

42. Os estudos concentrados, por exemplo, nas áreas de história ou genealogia não foram levados em conta aqui, naturalmente por escaparem à delimitação requerida pelos objetivos deste estudo.
43. Ver capítulo anterior, o item Arquiunitário.
44. Ver, na Seção de Textos, o texto árabe, a transliteração e a tradução desse poema.

de se reivindicar uma melhora ao seu estado; a reivindicação, o leitor se pergunta, não se daria através do louvor tecido nas estrofes 4, 5 e 6 seguintes?

Parece que sim. Este amado é o próprio louvado. A superioridade daquele passa agora a este. O louvado é fortemente belo, doce, loiro, bom e dono de uma boca almiscarada; refinado, é gentil e tem um porte altivo, mãos e dedos [fortes e elegantes], como os de um nobre, príncipe ou escriba e [provavelmente] tenros e doces como a massa de maçapão. Ele manda na cidade, põe, depõe; tirânico, faz o que bem deseja, pois, do mesmo modo como o amante subjuga o amado, ele, sendo o senhor dos outros senhores, isto é, o mais refinado dentre os homens refinados, tem naturalmente o poder de subjugar os demais, o que parece estar sendo confirmado pelos boatos que correm soltos, de uma banda a outra da cidade e chegam aos ouvidos do amante.

Nas três estrofes finais, o discurso toma outro rumo.

Na estrofe 7, a persona do amante assumida pelo narrador do poema faz uma nova declaração: é um exímio poeta, capaz de encantar com versos novos e antigos; como tal, é superior aos demais: se a eles, poetastros cavalões (estrofe 9), porque relincham, cabe o feno, ele come o mais nobre dos cereais, o trigo; ninguém se compara a Ibn Quzman, a não ser o zejel que leva o seu nome.

Nestas alturas se pode perguntar: quem é superior, o amado, senhor de todas as beldades, ou o poeta-amante? Trata-se, antes, de precisar a que correspondem estas duas figuras. E, de fato, o poema responde nas estrofes finais: o senhor das beldades, o amado tirânico, é um alamim, um agente do governo encarregado de fiscalizar o comércio fraudulento do mercado central (estrofe 8). A autoridade que excerce o louvado vem da lei e da religião: este alamim está a serviço de um governo regido pelos severos alfaquis[45]. Então, quem aplica a humilhação, o castigo e o maltrato não é outro senão o poder.

45. Ver capítulos anteriores "A Poesia na Córdova Almorávida" e "O Zejel de Ibn Quzman".

O subjugado, neste caso, parece mesmo ser o poeta banido das cortes. Errante, necessitando encontrar quem lhe pague o serviço – literalmente, a letra do ofício –, tem de apelar à proteção dos mecenas. Pode-se dizer até que a vida do poeta depende deles. A disputa é grande; a vida toda é definida em pugnas. Não é, por outra razão, que os êmulos do poeta comem feno e relincham como cavalos, enquanto roubam as moedas atiradas que deveriam chegar até ele: está desenhada aí uma disputa acirrada entre os candidatos à palavra.

O amante é o poeta superior aos demais; quem merece o trigo; aquele cujo verbo deve ser lamentado quando (se!) morto (não esqueçamos: ele morre de amor): esse poeta não relincha como os outros, mas esfuma quem quer que se interponha no seu caminho até o mecenas. Sim, está aí uma solicitação de serviços, pede-se enfim um lugar ao sol. Quem pode atender é o mecenas poderoso, e, para isso, o poeta o convida para encenar o jogo do amor: o amante, humilde, que quer o amor, e o amado, terrível, que maltrata. Deste jogo, porém, participam outros sujeitos: o louvado e o poeta. Quem vence este pário?

"Desde agora, aviso, eu te maltrato", diz o amado no início do poema. "Topo o trato: Humilha! Me maltrata!", responde, incitando, o amante. Está claro que existe um jogo: o jogo do amor imiscuído no poder. Na última estrofe, o sujeito narrador pede ao louvado que o mande agora acabar com os usurpadores do seu posto de poeta protegido. Curiosamente, no início, a palavra-rima que fecha o prelúdio é a mesma que sela o verso final do poema: "Te amar, Waxki, me *mata*" / "E manda [tu, mecenas,]: – "*Mata!*". Quem mata no início é o amado; quem mata no fim é o amante. E por que não pensar que uma relação semelhante possa-se estabelecer entre o poder do mecenas e o do poeta?

Um torna viável a vida do outro: o mecenas oferece os bens materiais de que o poeta tanto precisa. E este alimenta o espírito do mecenas, provendo-o com o cantar elogioso. No quarto verso da estrofe 2, quando os seus amigos o aconselham a desistir do amor que o está levando à morte, o amante responde: "Um louva bem; do outro os bens –

oblata". Ele pode estar dizendo que "quem não ama não sabe quanto custa ao amante abdicar do seu amado". Não deixa de ser curioso, porém, que o poema tome, para argumento, um provérbio que contraponha o bem da boa palavra aos bens da oblata piedosa. Se, naqueles tempos, o dinheiro parecia importante para manifestar a religiosidade, ele se torna imprescindível para poder-se ouvir a harmonia do zejel; a harmonia do som e do sentido tem um preço.

O trato que se estabelece entre o poeta e o mecenas fica evidente na leitura do texto árabe: o nome do louvado, *Waxkí*, e a sua característica mais evidente, a do *ankí* "maltrata", não só são lembrados na rima comum do zejel, como orientam a sonoridade mais recorrente ao longo do poema. Os fonemas */W/*, */X/* e */K/* ou */Q/* e */N/* aparecem mais de 135 vezes, num texto que computa algo em torno de 550 fonemas consonantais. Se levarmos em conta que, num texto desta extensão, a incidência média hipotética, para cada uma das 28 consoantes árabes, devesse ser em torno de 19 vezes, observamos um excedente de 40 incidências das 5 consoantes, que, no todo, chegam a constituir 25% da carga consonântica deste zejel. Além do mais, o nome do mecenas está fortemente anagramatizado na rima comum entre as estrofes; repetem-se não só a consoante /k/ e a semi-vogal /í/ de apoio (grafada >ī<), conforme o procedimento na poesia árabe, como também toda a forma morfológica do nome do louvado {consoante + vogal átona a + consoante + consoante + vogal tônica i = CaCCí}: >WaXKī<, >NaBKī<, >WaNKī<, >yiZaKKī<, >muWaKKī<, >MiSKī<[46], >Ka'Kī<, >YaḫKī<, >čiRKī<[47] e >'aBKī<.

A simulação do uníssono concordante pode ainda guardar outro significado: quem mata e maltrata ou manda e desmanda, ao menos no âmbito da palavra, ainda é o poeta. Uma burla, enfim, no mais fino estilo.

46. Por força da rima, talvez se possa ler /maskí/.
47. *Idem*, para /c(arkí/.

A Lima e a Estrela: Zejel n. 10[48]

No zejel n. 10, quem morre por amor, o amante que ama como ninguém, aqui também é um poeta: se ele pudesse abdicar do amor, poria um fim a esse cantar, deixando-o sem rima. O porquê de continuá-lo só se justifica pela necessidade do panegírico. E ei-lo logo adiante: a louvada, Liminha (*Layma*), encanta as reuniões na beleza e na esperteza; deixa apaixonado quem quer que a ame, pois reúne a magia de Babel; encantadora, tem os peitos [pequenos] como duas maçãs, as bochechas [delicadas] como [a farinha de fazer] confeitos, os dentes como pequenas pérolas e a boca é feita de açúcar; soberana como um *mawlá* "senhor", impera inclusive sobre os homens da fé: a uma ordem sua, as mesquitas se fecham.

Mas essa amada não parece exclusiva do amante. Existe um outro, ou vários: "Quem te ama se apaixona", "E há quem mais ame a tal ponto?". Nas reuniões festivas, religiosas, sociais, os encantados atiram moedas ao(s) seu(s) pé(s).

Por outro lado, o encanto da amada reside especialmente na palavra: não só ilude com mentiras (vai até o Moinho, quando o combinado é esperar em frente à Mesquita), como também faz o maravilhoso vir à tona. Sua palavra é capaz de reunir a magia de Babel e desviar os fiéis muçulmanos de suas práticas.

Mas, ao mesmo tempo, a amada parece uma rainha destronada. Ao invés de no palácio, ela é vista nas ruas: no moinho, na mesquita ou numa casa abandonada e vazia. Seu nome – *Layma* – evoca um fruto bastante comum aos homens da Andaluzia: a lima que pode ser mastigada pelos dentes dos aristocratas e humildes.

O triunfo da Liminha vai-se dar pela palavra capaz de transformar o mundo: "AGORA ÉS ESTRELIM! (*nujayma*) Não Limim! (*layma*)", anun-

48. Ver na Seção de Textos, o texto árabe, a transliteração e a tradução desse poema.

cia o prelúdio. Do início ao fim deste zejel, as consoantes */L/*, */M/*, */N/*, */J/* e */AY/* que compõem o par *layma-nujayma* aparecem – espanto! – aproximadamente 190 vezes, como se a palavra do zejel quisesse por si só realizar a transformação. A lima popular vira uma estrela reluzente e alta, como deve ser o/a senhor/a em pleno excercício do poder.

Parece difícil não deixar de ver a amada como uma projeção da própria condição do poeta. Ele também foi destronado: tirado da corte, sua estrela já não brilha a não ser por um esforço tenaz. O zejeleiro, como o menestrel e o jogral errantes, munido da palavra galante e encantadora, ao mesmo tempo declamada, cantada e dançada, deve percorrer as cortes e as salas dos ricos e poderosos. A beldade e a esperteza da amada, somadas à magia transmutadora da palavra poética, são capazes de alterar a realidade banal: as moedas viram jóias, o jejum vira um banquete, o fruto uma estrela e a Liminha – uma escrava? – rainha *mawlá*.

Um outro elemento ganha pertinência nessa relação. Se o amante localiza a amada nas ruas de Córdova, o poeta muitas vezes procura o mecenas no mercado central (um comerciante), nas escolas (um lingüista), ou entre as tropas da cidade (um oficial); chega, inclusive, a reproduzir as falas da populaça, com a qual convivem o poeta, o mecenas e a amada plebéia: "*Alocado*![49] *tan tristino*! *tan penado*!".

Desse modo, se a Liminha pode ser lida como uma alegoria do mecenas ou do poeta, podemos pensar o zejel n. 10 não como um poema de amor, mas como um panegírico, um panegírico-requebro mais exatamente, ou uma petição. No primeiro caso, estar-se-ia galanteando e louvando e, no segundo, pedindo: "Deus nos junte num feixim", isto é, "que sejamos um do outro", diria, enfim, o poeta ao mecenas.

Tratar a amada como rainha decadente, ou, ao contrário, uma escrava em ascensão, tomá-la como objeto de louvor, ao mesmo tempo, que de amor e auto-vanglória, teria exigido mais que as convenções li-

49. >xilibāt̥u<, no ms. *chiflado*, *alocado*, em espanhol.

terárias do amor (o amado desdenhoso, o amante obstinado): o recurso foram o carinho e a ironia sublinhados pela expressão do diminutivo.

Na lírica árabe clássica, é raro o uso do diminutivo e, quando ele se dá, apresenta uma conotação depreciativa, funcionando, geralmente, para sugerir o avesso do louvor[50]. O poeta que, antes de Ibn Quzman, mais recorreu ao uso do diminutivo foi o neo-clássico sírio Abū Ṭayyib al-Mutanabbī (m. 965), quem o poeta cita mais de uma vez no *Cancioneiro*.

Luyayla "uma noitinha" é a maneira como, num poema, al-Mutanabbī se refere a uma de suas noites mais exacerbadamente longas. Nos diminutivos usados por esse poeta, a nota reveladora parece ser a do escárnio[51]: nada da ternura ou do envolvimento subjetivo, típicos da expressão quzmaniana.

No entanto, se os diminutivos nos zejéis de Ibn Quzman, geralmente carinhosos, devam ser atribuídos ao dialeto árabe-andaluz, seguramente influenciado pelo romance[52], mais do que propriamente a um estilo particular do poeta, neste zejel, os diminutivos adquirem um significado especial.

O diminutivo devia ser um tanto comum no romance falado na Andaluzia dos séculos X e XI[53]. Por esta mesma razão, nesse mesmo período, os diminutivos puderam aparecer nas *k̲arajāt* romances nos finais de *muwaxxaḫāt*, despertando quiçá o riso das platéias, à medida que, para aqueles letrados cultos, refinados e eruditos, a linguagem dos andaluzes cristãos podia ser tomada como um sinônimo do estilo baixo, vulgar e ridículo.

O que Ibn Quzman parece sugerir no zejel n. 10 é que o diminutivo no árabe vulgar é tão ridículo e irônico quanto meigo e afetivo. Único com estas características em toda a literatura árabe que se conhece, este

50. Cf. J. A. Abu-Haidar, 1989: 242.
51. *Idem*, 244.
52. Cf. Abu-Haidar, *op. cit.* Ver capítulo "Gramática", o item II. 1.2.1.
53. Cf. Ramón Menéndez Pidal, 1956: 124-125.

zejel parece estar burlando, por sua vez, os antecedentes do gênero. Os diminutivos que aparecem nas rimas driblam tanto a *k̲arja* romance e a *muwaxxaḫa* clássica, como as *qaṣā'id* de al-Mutanabbī: o ridículo despertado quando esses gêneros apelam ao diminutivo opõe-se enfaticamente ao sentido terno e lúdico que lhe confere este zejel amoroso.

"Te amo AGORA ÉS Estrelim": no instante deste poema, precisamente nesta composição, o amor pode ser, outra vez, a escusa necessária para o verbo recriador. Pelo menos até o final desta canção, a rima pode inverter o mundo, dispô-lo a seu modo e estabelecer a devida hierarquia entres os pares.

O Alfaqui e o Trigo: Zejel n. 80[54]

Os estudiosos têm considerado o zejel n. 80 como uma reivindicação do poeta, dirigida aos seus familiares, exigindo a sua provisão anual de trigo, ou uma petição deste cereal feita a algum magnata não expresso[55].

A petição, disfarçada em poema de amor, parece evidente. Desde o prelúdio, quem espera chegar o pedido é alguém que ama o trigo e imprescinde dele para... subsistir. Quem ama, desta vez, não morre por amor; está aflito e empenhado em garantir o sustento.

Mas, por ser praticamente impossível, no zejel, pensar o amor sem as convenções do amante e do amado, podemos nos perguntar quem desempenha estes papéis. O narrador é, via de regra, o amante; é ele quem deve se queixar do amado desdenhoso: há dias que ele espera, vivendo sem prazer, aflito pela chegada daquele que tarda em vir; persistente, só descansará quando trouxer o amado para junto de si, na sua casa, ao seu lado, conforme antecipa desde o prelúdio.

54. Ver, na Seção de Textos, o texto árabe, a transliteração e a tradução desse poema.
55. Cf. García Gómez, 1981: 127-128 e Corriente, 1984: 341, nota 1 ao número 80.

O trigo deve ser o amado, porque é ele que o narrador evoca, e, de certa forma, parece sê-lo: o trigo desdenha o amante, à medida que se demora em ir ao seu encontro; está longe, hospedado junto a outro [amante] que dele usufrui, recebendo, além do amido, o agrado da companhia.

Porém, no início do zejel, o narrador não se declara um amante, mas um amado. O trigo está incorrendo numa falta; mais precisamente, ele parece ter sido enganado. Na primeira estrofe, há um ingrato no caminho, que usurpa o contento precioso: é o alfaqui da última estrofe que, com suas arrecadações sem limites, deixa cada vez mais desprovido o poeta. Como não bastasse o empenho deste em louvar para atrair as atenções do mecenas, há ainda as taxas altas do alfaqui que agudecem o estado de penúria.

De fato, o poema parece tratar de alguma inversão. Quem deveria estar-se queixando era o trigo desviado do seu legítimo destino: o seu verdadeiro lugar deve ser a casa daquele que o espera. Assim como ao amante cabe pedir o bem do amado, ao trigo cabe reivindicar o destino correto: a casa do amigo.

Ao invés do "meu" com que em geral o amante descreve o próprio estado físico e espiritual, este poema apresenta, em quase todos os versos, um /ak/ "teu" ou "te": /ḥabíb*ak*/, /niṣíb*ak*/, /ṣadíq*ak*/, /dár*ak*/, //duḵúl*ak*/, /nihíb*ak*/, /nijíb*ak*/, etc. Com a repetição, este pronome pessoal ou possessivo, sempre acoplado à rima, acaba fazendo eco aos sons do /*Q*/, /*M*/, /*Ḥ*/ e /*B*/, que anagramatizam o /qamḥ/ "trigo" e o /ḥabíb/ "amado", em 25% das consoantes que formam o composto sonoro deste zejel.

Atento, e em pleno empenho, o poeta avisa: "sou EU TEU amado... só descanso, trigo, se [EU] TE trago". Ele se faz passar por amado. Este desvio não é mais grave dentro do zejel do que o engodo anual do alfaqui. Em nome de um discurso falseadamente ortodoxo e moralizante, instalara-se, na Andaluzia daqueles tempos, uma prática sistemática de usurpação[56]. Dos poetas, pelo menos, tirou-se a garantia da vida nas

56. Ver capítulo "A Poesia na Córdova Almorávida", o item Os Alfaquis.

cortes, o que deve ter-lhes parecido o fim de um privilégio e a perda de posição dentro da hierarquia vigente. Neste zejel em que lhe falta o trigo, ao invés da costumeira apologia do poeta como contumaz zejeleiro, aparece um "teu" na rima que, no mínimo, desestabiliza a posição do eu dentro do discurso do poema: "sou eu TEU amado", "eu ao TEU lado", "(eu) TEU amigo", "minha casa conta como TUA", "é minha e TUA", "Por um tempo eu clamo: por TEU tempo", "se TE trago".

O poeta passa a observar a si e os outros assumindo a posição estratégica do centro: nem a do topo, de onde foi retirado, nem a do chão, onde se quis confiná-lo. A chave do zejel também se encontra aí, no meio do poema[57]. A estrofe 3 o que faz senão louvar o trigo?

Livre de qualquer implicação de pedido ou amor, está sintetizado um dos mais belos e vigorosos panegíricos de Ibn Quzman. Os dias bons são aqueles em que o trigo desponta no chão e sai acima, deixando entrever a sua substância, e esta aparece erigida sobre uma estrutura de base ao mesmo tempo bela e sólida. Eis aí descritos a natureza e o destino do louvado: a retidão, a beleza e a solidez dos princípios, qualidades que, ao poeta, podemos pensar, deviam parecer raras de se encontrar entre os homens do seu tempo.

Em meio a poemas de expressão, em geral, contundente, complexos pela multiplicidade de vozes e referentes envolvidos, destaca-se, no *Cancioneiro de Ibn Quzman*, esta peça breve, singela e altamente reveladora da ética perseguida pelo poeta. Desta vez, nem o amor, nem o pedido dão a tônica ou figuram no cerne do zejel, mas o objetivo primordial deste, o louvor.

57. Ver capítulo "O Zejel de Ibn Quzman", os itens O Zejeleiro e Uma Organização Velada.

Waxkí, Liminha e o Trigo Novo

Sobre a Transliteração

Para a edição dos zejéis, dou uma transliteração latina aproximada o tanto quanto possível à fonologia do idioma português empregado no Brasil. Para os fonemas desconhecidos da nossa língua, vale observar a tabela de convenção gráfica, no início deste estudo.

No entanto, a colocação dos acentos agudos não obedece às regras da acentuação portuguesa; os acentos indicam a posição do icto (e/ou acento árabe-andaluz) dentro do verso. Assim, a seqüência /naríd walik̲áuf annúxba nabkí/ equivale à seqüência *fa'ūlun mafā'īlun fa'ūlun* ◡ – – ◡ – – – ◡ – – do metro *ṭawīl* do *'arūḍ* clássico acentuado nas 2ª, 5ª, 7ª e 10ª sílabas, enquanto que /lis akfá ma hí ruqáq ḥulúwwa/, do mesmo metro, revela acentos nas 3ª, 5ª, 7ª e 9ª.

A transliteração busca atualizar a edição básica dos três zejéis definida por Federico Corriente na *Gramática, métrica y texto del Cancionero hispanoárabe de Aban Quzmán*. Madrid, I.H-A.C., 1980, pp. 8-13, 78-83 e 514-517 (numeração indiana). Para isso, apoiei-me nas obras subseqüentes do arabista às que tive acesso, a partir das quais faço constar, no texto transliterado, todas as correções feitas pelo autor à sua edição de base, que pude observar tanto nas notas que acompanham sua tradução espanhola, *El Cancionero hispanoárabe (de Ibn Quzmān)*. Madrid, Editorial Nacional, 1984, como na descrição gramatical do dialeto incluída no *Árabe andalusí y lenguas romances*. Madrid, Editorial Mapfre, 1992, e no *Léxico estándar y andalusí del Dīwān de Ibn Quzmān*. Zaragoza, A.E.A.I.,1, Universidad de Zaragoza, 1993, bem como ainda nas "Notas de Lexicología Hispanoárabe" in *Vox Romanica*, 39:183-194. Suiça, Francke Verlag Bern, 1980.

A numeração à esquerda indica a ordem das estrofes, conforme está no manuscrito. Ela vale também para facilitar a consulta durante a leitura das notas ou da tradução. Nas notas, ou nas referências feitas aos versos, o número mais à esquerda indica a estrofe; o que segue este número indica o verso; assim, 0.1- e 1.3- indicam, respectivamente, o primeiro verso do prelúdio e o terceiro da primeira estrofe.

As notas que seguem os textos remetem ou à grafia do manuscrito e às lições de Emilio García Gómez (*Todo Ben Quzmān*. Madrid, Editorial Gredos, 1972, 3v.) – sempre que tenham sido acatadas por Corriente na edição de base e em algum de seus momentos de revisão – ou elas indicam minhas alterações, sempre limitadas ao conteúdo vocálico, com base, principalmente, nas correções ao zejel n. 1 feitas por Corriente na sua obra de 1992, às páginas 183-186.

Em algum momento, também, as notas ilustram como o metro pôde ajudar os editores no estabelecimento de algum termo obscuro.

Outrossim, para uma apreciação mais especializada do texto árabe-andaluz, vale consultar o resumo esquemático, no último capítulo, sobre alguns dos tópicos gramaticais que aparecem nestes três zejéis, lembrando sempre que uma descrição mais completa do dialeto deve ser buscada em Corriente, 1977, 1980b e 1992.

Com a transliteração anotada, acredito, passa-se a ter, *in loco*, uma idéia representativa das operações que têm envolvido, nas últimas décadas, a edição do texto quzmaniano.

A edição pela transliteração complementa a escritura do texto árabe medieval: precisa-lhe a vocalização, a entonação, a acentuação rítmica, através da atribuição de um conjunto de novos signos – novas consoantes e vogais, pontos, vírgulas, exclamações, interrogações, acento gráfico. Mas a transliteração só é possível graças a uma especulação prévia do som e do sentido feita pelos editores modernos; pode-se dizer que, em certa medida, a transliteração foi um produto da interpretação dos editores e, como tal, também de um tipo de "tradução" – mais precisamente, uma semitradução.

Na transliteração, ainda se está no campo do lá, é como se o editor interpretante, o tradutor, "visitasse" esse campo; o seu rastro constitui o marco da modernidade em terra estrangeira, uma representação daquela nesta. Desde logo, talvez nunca tenha havido, para o leitor moderno, um texto puramente árabe ou medieval, mas uma idéia deste, uma existência possível somente pela mediação.

Interregno

Sucedendo a transliteração, a tradução acaba por complementá-la, ou mesmo, ainda que sem querê-lo, toma o seu lugar. Em ambos os casos, é verdade, observa-se uma mediação, mas, na tradução em si, essa mediação não se limita a uma interferência – não se trata de inserir algum elemento estranho à escritura do texto medieval –; ela implica a representação da transliteração numa nova língua e em outro contexto.

Ao invés da interferência, nota-se a substituição: a(s) língua(s) moderna(s) toma(m) o lugar da medieval. Por sua vez, quem agora interfere no texto da tradução é o texto da transliteração, já que o novo nunca deixa de se referir ao anterior; por isso mesmo, um e outro são inter-remissivos, dada a ação recíproca dos sujeitos que participam da articulação dos textos, quais sejam, o editor e o tradutor.

A tradução, mais que a transliteração, está interceptada pela *intermediação*. Ela se dirige a toda uma comunidade de falantes que desconhecem o árabe-andaluz. Para estes, só o texto da tradução pode exprimir o texto árabe, mesmo o transliterado; no máximo, este lhes toca os sentidos: o visível e o audível sugerem a dimensão sensorial do texto árabe, mas quem o define no nível racional é a tradução, porque somente ela é capaz de tornar factíveis os eventuais significados daquele texto. Para esse mesmo leitor, tudo o que a tradução queira evidenciar do texto correspondente passa a ser avaliado com os critérios da língua moderna. Assim, os juízos estéticos da língua da tradução, e com isso os da cultura que compreende esta língua, acabam participando decisivamente na reconfiguração portuguesa do texto árabe.

SOBRE A TRADUÇÃO

Esta tradução teve dois grandes referenciais: de um lado, o texto árabe do manuscrito (em pequena medida), o transliterado e as traduções de García Gómez e Corriente e, de outro lado, as implicações próprias da língua e da poética portuguesas, mais especificamente as do Brasil.

A tradução se situa no intercurso de discursos diversos; teria pretendido apontar para uma síntese, não fosse ela mesma criar novos problemas: tão logo o texto português se via definir-se, impunha-se a sua unicidade: rompia com as traduções anteriores, sugerindo uma leitura diversa de Ibn Quzman. Por sua vez, as traduções todas que se fizeram dos zejéis n. 1, 10 e 80 não teriam passado também por esta realidade? Retomaram, reelaboraram, reconfiguraram Ibn Quzman; ao invés de sintetizá-lo, multiplicaram as suas feições; deram, cada qual, as interpretações cabíveis dentro dos propósitos assumidos pelos tradutores.

Já em outra instância, o próprio Ibn Quzman na introdução do *Cancioneiro* havia endossado esta prática: "Acerto de Propósitos em

Menção das Honras"[1], assim intitulou o seu livro; e "o som e o sentido"[2], casados por seu zejel, não eram outra coisa senão os acertos proclamados. O zejel se revela mais como um momento de disputa entre o homem e a palavra ritmada; o sujeito e a sua linguagem; a palpabilidade do sensível, aquilo que se exterioriza aos olhos, ouvidos e razão, e um certo ideal imaginável.

Equivalência

Por assim entender o zejel, esta tradução, como as anteriores, disputa com o "texto original"[3] o princípio da equivalência; quer-se valer como a representação deste em outra língua. Porém, o alvo, aqui, não é a linguagem unicamente cindida dentro do texto, mas aberta às demais formas de sua realização: ao invés de um império do significado fechado e univocamente definido, observo uma intenção do poeta equacionada na harmonia do som e do sentido. Estes, por sua vez, são traduzidos segundo a harmonia da língua portuguesa; é ela, no caso da tradução, o verdadeiro parâmetro para a equação. Não teria havido outra maneira de representar o original senão a de desafiar-lhe a linguagem, segundo o princípio da equivalência.

O famoso lingüista Roman Jakobson vê no fenômeno da repetição – a seqüência de unidades equivalentes – o princípio geral da função poética da linguagem[4]. A repetição, segundo ele, reflete a preocupação da linguagem com ela mesma: as rimas e paronomásias – afinidades do significado através da semelhança de sons entre as palavras –, o paralelismo morfológico e sintático são a maneira que ela encontra para se referir.

1. Tradução literal do título mencionado na introdução do *Cancioneiro*. Ver, *supra*, a transliteração e outra tradução no item Nova Tradução.
2. *Idem*.
3. Para uma discussão sobre o conceito de "texto original", ver as reflexões de Rosemary Arrojo, 1986: 11-24.
4. Roman Jakobson, 1995: 130 ("Lingüística e Poética").

Por conseguinte, a complexidade da estrutura de uma mensagem poética, fortemente amarrada à sua língua, faz dessa mensagem algo intraduzível. A solução é a transposição criativa da estrutura sígnica[5]. Se o texto dessa transposição não é igual ao original, ele é, isto sim, o seu equivalente, já que "a equivalência na diferença é [enfim] o problema principal da [de toda] linguagem"[6].

Nos zejéis de Ibn Quzman, como vimos acima, a repetição flagrante de determinados sons não parece aleatória. No conjunto, os anagramas[7] remetem a um propósito bastante coerente com o projeto sígnico do poema. Os sons que, no zejel n. 1, formam as palavras árabes "Waxkî", o nome do louvado, e "ankî", seu atributo maior, o maltrato, estão espalhados não só nas rimas, como por todo o poema numa incidência em nada desprezível como que para considerá-los frutos do acaso. Além do mais, quando se leva em conta a burla do poeta-amante contra o mecenas-amado, desentranhada a partir da leitura do poema, vê-se impreterivelmente que os anagramas sugerem muito mais a autovanglória do poeta, capaz de dispor dos sons para forjar determinado sentido, invertendo, para isso, o significado das palavras. Nem é preciso dizer que nos demais zejéis ocorre o mesmo.

Os sons das consoantes em "Layma-Nujayma", repetidos ao longo do poema, por si só transformam – como é do poder da palavra poética que "transforma" a realidade – o nome banal da escrava Liminha no majestoso Estrelinha, enquanto, no zejel ao trigo novo, a rima "AK" de "aná ḫabíbak", sou EU TEU amado, ressoa, ao inverso, o "qa" de "qamḫ", trigo, querendo alertar que tu, trigo amado, ÉS MEU, ao contrário do que está dito na maioria dos versos.

5. *Idem*, 72 ("Aspectos Lingüísticos da Tradução").
6. *Idem*, 65.
7. Uso o conceito saussuriano de anagrama como um fenômeno amplo de repetição dos sons da palavra-tema por todo o poema, querendo englobar, nele, tanto o anagrama *stricto sensu*, tal eva/ave, como a anafonia, repetição imperfeita, e o paragrama, desdobramento do tema nas sílabas de um verso. Ver Haroldo de Campos, 1976: 106-108.

Visando à equivalência, o texto português transpõe estes signos. No zejel nº. 1, os fonemas consonantais[8] /m/ e /t/ de "mata", mais o /d/ sonoro tomado como eco (harmonização) ao /t/ mudo, consistem em quase 30% das consoantes que compõem o poema; no zejel n. 10, os fonemas /l/, /m/, /s/, /t/ e os nasais em /m/ e /n/ contidos em "Limim" e "Estrelim", mais o /d/ sonoro, consistem em algo mais que 50% das consoantes; por sua vez, no zejel n. 80, os fonemas /t/, /r/, /g/, /m/ e /d/ de "trigo amado", mais a consoante palatovelar /k/ (CAminho) como apoio ao fonema /g/, aparecem em torno de 40%.

A tradução tem garantida enfim a macro-estrutura sonora e os sentidos derivados dela: os sons predominantes, a combinação das rimas, o tempo das estrofes e o ritmo que se depreende a partir do metro estabelecido e marcado na transliteração.

O ritmo – o som em repetição – pode ser entendido como um elemento de predominância dentro do zejel. A harmonização pelos sons tem duas vias básicas: o metro evidente e o ritmo interno, o da harmonia sonora das palavras, do tempo de aparição das repetições sonoras[9].

O primeiro – externo, simétrico, periódico e regular – garante a regularidade do movimento: os versos obedecem a uma mesma ordem de sucessão dos acentos rítmicos e, mesmo quando esta ordem varia, o acento incide numa posição prevista, porque admitida pelo metro. Neste caso, a posição dos acentos na tradução é idêntica à que se observa na transliteração, como uma espécie de decalque métrico, isto é, uma reprodução exata da estrutura métrica, conforme o procedimento adotado por García Gómez[10].

8. Considerei como fonemas consonantais não só as unidades fonêmicas compostas de consoantes, como também aquelas derivadas tanto de encontros ditongais crescentes ou decrescentes (como no árabe /ay/, /ya/, /aw/ e wa/), como de vogal e fonema nasal; outrossim, levei em conta a elisão de vogal forte e vogal fraca, considerando-as como uma única unidade fonêmica, de acordo com as leis da escansão métrica no nosso idioma.
9. Cf, por exemplo, Henri Meschonic, 1990: 19.
10. Ver "O Som e o Sentido", o item Edições e Traduções.

A outra forma que manifesta o ritmo – desta vez assimétrico e irregular – é aquela que resulta das rimas e paronomásias ou dos paralelismos sintáticos e morfológicos. Este ritmo, ao contrário do primeiro, não se caracateriza pelo compasso regular, mas pelo movimento do discurso. Para traduzi-lo, é inevitável a transposição criativa preconizada por Jakobson.

Mas, mesmo assim, a transposição só se dá pela leitura crítica e, com a permissão do trocadilho, criteriosa, já que ela pressupõe uma interpretação do texto de base e uma adaptação desta afinada à nova língua: elejo as unidades de significado e as disponho numa forma equivalente no texto da tradução. Este procedimento passa a ser a operação principal na tradução e representa o momento crítico da transposição.

Na transposição, abandono de vez a língua do texto original: novo texto, nova língua, novas estruturas sígnicas. Já não vale o estrito vínculo entre a forma e o conteúdo da transliteração.

Na estrofe 1, verso 4, do zejel n. 1, /narḍá biriḍák/ "aceito [o que é da] tua vontade" passa a /topo o trato/. As cinco sílabas do segmento árabe serviram de parâmetro para as quatro sílabas do segmento português. Enquanto, no primeiro, os acentos incidem na 2ª e na 5ª sílabas, no segundo, eles incidem somente na 3ª. No entanto, os dois segmentos são equivalentes. Vejamos por quê.

O segmento árabe é seguido de /fad̲úll wankí/ "humilha e maltrata", com outras quatro sílabas, tendo acentuadas a 2ª e a 4ª. Ao todo, o verso árabe computa 10 acentos que recaem nas 2ª, 5ª, 7ª e 10ª sílabas. O segmento português é seguido de /humilha, me maltrata/, com sete sílabas, acentuadas a 2ª e a 6ª. Ao todo, o verso português soma 10 sílabas, ou melhor 9 – já que em português conta-se até a última sílaba tônica – acentuadas nas 3ª, 5ª e 9ª.

A tradução deste verso elegeu três elementos de significado:

1. a rima /ata/ e a aliteração em /t/ /tr/, /m/ e /l/, requeridas pelo conjunto sonoro do poema, que visa anagramatizar a idéia prin-

cipal de "o (amor) que *m*a*t*a e *m*a*ltr*a*t*a", anunciada desde o prelúdio;

2. explorar as palavras/idéias do verso "humilha" e "maltrata", centrais e imprescindíveis ao projeto sígnico do poema; e
3. explorar o jogo paronomástico entre /nard̥á/ "eu aceito" e /rid̥ák/ "a tua vontade".

Na primeira palavra, o prefixo /na-/[11] em /naríd/, que indica a 1ª pessoa do singular do verbo, opõe-se ao sufixo /-ak/[12] em /rid̥ák/ da segunda palavra, que indica a 2ª pessoa do singular do pronome possesivo; ambas as palavras, porém, são construídas a partir de uma mesma raiz /rd̥/ (>rd̥w<) que efetivamente sugere algum tipo de aproximação entre o "eu" e o "teu".

/Topo/ em /topo o trato/ traduz "eu aceito" e /o trato/ traduz o acordo entre o "eu" e o "tu", ao mesmo tempo em que o /t/ mantém uma relação consonantal entre as duas palavras e participa da aliteração geral em /t/, concordando com "maltrata", a palavra-rima do verso. Além disso, a seqüência de /tr/ e /t/ em /*tr*a*t*o/ corresponde também à mesma ordem de aparição dos fonemas em /mal*tr*a*t*a/, não deixando de constituir, por sua vez, uma paronomásia entre o trato (no sentido de "acordo") e o maltrato; também o /p/, a segunda consoante em /topo/, corresponde ao segundo /t/ em /tra*t*o/ e /maltra*t*a/, ambos surdos, mas que eclodem nervosamente, como se duplicassem o fonema, acentuando assim o tom de *stacatto*, generalizado ao longo do poema, e contribuindo na criação de uma atmosfera sonora fortemente consonantal, a exemplo da que se ouve no texto árabe. Neste, concorrem aproximadamente 550 fonemas consonantais; no texto português, em torno de 500[13].

As três sílabas poéticas do segmento português /to-po o-tra(to)/, por oposição às cinco do árabe, /nar-d̥á-fi-ri-d̥ák/ permitem que se mante-

11. Ver "A Língua do Zejel de Ibn Quzman", o item Gramática. II. 2.2.2.
12. *Idem*, II. 1.2.2.
13. Ver *supra*, nota 8, sobre os fonemas consonantais.

nha o segmento longo /hu-mi-lha-me-mal-tra(ta)/ com seis sílabas, atendendo ao item 2. destacado logo acima.

Por outro lado, apesar de que a tradução, em geral, decalca os acentos do texto árabe, neste verso, ela se valeu não do ritmo no verso árabe correspondente (2ª, 5ª, 7ª, 10ª), mas da variedade que o metro *ṭawīl* admite (3ª, 5ª e 9ª), conforme o que se observa nestes versos posteriores:

/lis akfá ma hí ruqáq ḫulúwwa/, acentos na 3ª, 5ª, 7ª e 9ª
/qad axwárt aná liman naṯíq bíh/, acentos na 3ª, 5ª, 9ª e 10ª

Como no último, a 7ª sílaba do verso português /Topo o trato: Humilha, me maltrata/ também não leva acento tônico.

A partir deste exemplo, pode-se ver que o ritmo de um verso da tradução pode reproduzir o de outro da transliteração; importa mais é que o ritmo da tradução esteja harmonizado com o texto da tradução. Em outras palavras, a tradução vai ao encontro do original ou dele se afasta, segue-o de perto ou relativiza os seus parâmetros: tudo está na dependência do novo contexto quzmaniano, o de sua leitura em texto português.

Auto-referência

Como sabemos, esta prática da tradução está longe de ser inédita dentro da tradutologia moderna e, particularmente no Brasil, conhece adeptos ilustres; baste o exemplo – só para ficarmos no âmbito da tradução de uma língua semita – do poeta Haroldo de Campos que há alguns poucos anos verteu para o português o *Eclesiastes*, os dois primeiros capítulos do *Gênese* e o capítulo 38 do *Livro de Jó* e, atualmente, prepara a edição do salomônico *Cântico dos Cânticos*[14].

14. Cf. Haroldo de Campos, 1991 e 1993.

Apesar do propósito do poeta de "reconfigurar uma *imagem* possível da linguagem do original"[15], tendo que, por vezes, "hebraizar o português"[16], no sentido de "ampliar-lhe os horizontes e explorar-lhe as virtualidades ao influxo do texto hebraico"[17], Haroldo de Campos não chega a romper com a estética da língua portuguesa; ao contrário, para ele,

> o resultado deve ser avaliado em termos de sua eficácia na configuração poética da língua de chegada, o português; enquanto produto acabado em meu idioma, portanto, em confronto com as outras versões nele preexistentes[18].

Tal exercício acaba por extrapolar os limites cerceadores tradicionalmente impingidos aos procedimentos de "translação" dos significados de um texto a outro[19]. Ao invés da mera "equivalência" de unidades semânticas ou estruturais[20] entre os dois textos, aparece a necessidade de uma "reconfiguração" do texto original, ou, como prefere ainda Haroldo de Campos, uma "transcriação" do original segundo os horizontes maleáveis da língua de chegada e a poesia desta[21].

Em todo caso, não deixa de ser decisiva, na recriação poética, a marca pessoal do tradutor, ainda que entendamos esta marca como, no mínimo, o indicativo de uma intersubjetividade que liga o tradutor à comunidade cultural a que pertence. O "make it new" de Ezra Pound[22], lema que está na base da transcriação, reflete o projeto de toda uma época: teria sido – e continua sendo – preciso reinventar os clássicos à luz da modernidade; porém, as reinvenções inglesas de Homero, Rihaku,

15. Haroldo de Campos, 1991: 12.
16. *Idem*, 32.
17. *Idem*, 33.
18. *Idem*, 33-34.
19. Cf., por exemplo, J. C. Catford, 1965: vii.
20. Cf. Eugene A. Nida, 1964: 68.
21. Cf. Haroldo de Campos, 1992.
22. Cf. Ezra Pound, 1997 e Augusto de Campos, 1985.

Confúcio, Arnault Daniel, Camões, Guido Cavalcanti, Corbière, Laforgue não só delineiam o paradigma, válido na nossa época, para uma prática e uma crítica específicas da tradução, como são indiscutivelmente um produto "*trans*poundiano".

Enfim, a subjetividade, a intersubjetividade, ou a pessoalidade do tradutor confluem para um mesmo ponto: a tradução não pressupõe somente línguas e textos distintos, mas uma interação de sujeitos. Na retomada de um clássico pela recriação, o sopro do tradutor que remove o pó de um livro é um alento: como em toda criação, leva a vida e a semelhança.

Notação

Cada poema é seguido de um comentário e um corpo de notas.

O comentário destaca um ponto chave da tradução e indica a orientação das notas que seguem. Estas, em geral, apontam as realizações possíveis do texto árabe, indicando, quando for o caso, a diversidade de leituras feitas pelos editores e tradutores. Elas também podem-se deter na minha interpretação do texto, procurando desvelar os caminhos de determinadas escolhas feitas por mim na tradução; a finalidade, neste caso, é pôr em evidência determinados problemas impostos pelo texto da tradução e a solução que dei para eles. À falta de uma bibliografia específica sobre este assunto, a citação bibliográfica parece mínima, já que os poucos autores que se ocuparam ou têm-se ocupado de traduzir Ibn Quzman, em geral, não comentam os seus procedimentos.

Dito isto, vamos ao que Ibn Quzman chamou "a língua desembaraçada do zejel".

Seção de Textos

Fac-símile do Manuscrito

ذلك ذوي بشكر لا بد عني النعمة من شكر ولا بأي ان نأثرت يوما ما وصارت بين خبري

معتما ذكران خبر فكنان اوتما او سبقت بي منيتي وقصرت بي امنيتي [illegible] داميد

الي وترحم بسببه عليّ وسميت كتابي هذا باصابة الاغراض في ذكر الاعراض ليكون

انظمه موازيا للغناء وبينا نسب ما قصدنا اليه ووضعناه ومنها ما نبعون الله تعالى نقطع

الكلام المنثور ونطبع الملح والنوادر بلسان غير عثور ونبدا اولا بصاحب هذا التاليف

ليكون البركة كاملا والترفيع شاملا وندينا بمجانسة ومناقبه . ومن الله نعز وجل نطلب

حسن العاقبة

اول قصيد

يتغزل فيه في محبوبته قرطبية عفا الله عنهما

نزيد والخوف الليس نبكي واش نقدر نموت ورآك يا وشكي

عشقت وصحت الروايه فنقل لي لقد في اشتكل آيه من ذاب ننديك نغم لي ينك

رضى برضاك زال وازكين

فدا شورت الامن تتي فيه وقلت لهم ولا ان نموت فيه فالوالي نشبت يا الك تخليه

واحد يني خيس واخر يزكين

فلذت ما بين رايح وبايس وصرت حطام از سحت يابس فاحلى ما نري في بيني جالس

تمتد ونري لحيط موكين

الله تذ عطاك جمال بقوة فمنك النكال ومنك بقوة اكفي ما هي رفان حلوق

الي حتى عاد صبعها مشكين

اشية حلو مليح رونق نشاط اصابع شريف ملوكي حطاط يا الامن مدحماط

تعجب ذا راها ذكعكى

احكم في البلاد وخذ وخلي ونشبع انا من تما يعتب الي يا مولى الملاح اعزل وولي

بالطبع هو ذاك اولك نحكى

النجم نقول بيد روبالي وهولا الرجال لسن من رجالي انا انا انا واي بحالي

تسواد من نعشق ومن يلر اي جبس من جوهر الله يبين لمن كسان قعا واسبط مملس

يرد الامين بالرزيت فرين

تمشوا الكلام امنا رجيم   رجع كل احد في حريم   فان بيت انا لست متحشم

وقال أيضا في زجل

يمدحه ويتغزل فيه

صبي نعشق من السوق ان عرّفتك شندريه   كن نقل لك كيف اسمه الذي نسميه
آت يا من يقتل الناس على يد ما بكلم   اش ذا المسك يا اخي من راك المعلم   انشانك منيه وارض مكان ولم
واذا ثحت بشر ان يشاكلك التيه
انا نسكت ونصبر وبذا كل نعشق   واذا نبو نبهت واش على من قال الحق   بالله لو كان برودي ما شيت عن الحمق
ولو اخفيت الا لو قدرت عنه نخفيه
يا مدلل عني يا مليح التجني   ايش تطلب حديثك وحديثك فتلني   غد يا قلب اثبت لا تزل … مني
ايش يكلمك مسكين بالله عينو وقوبه
صاحب العين الاشهل الذي … نجيب   يقول ان غلام والذي قال نواجب   لا يكن من عبيد الا شاعر كاتب
ان ذا عار علي ولا منه عار …
كيف يصح ان نهاود ومني يلوى عنقو   ومراتين راو وراو احسن خلق   قالت الو… للاخرى ابدا الى الله   نعشق
ونبيت مع ليلة قالت الاخرى ايته
السها من ادب لا يعترك سلام   انما يخدم الناس بحلاوة كلام   وترى فيه طهارة وهو يمنع يكلم
ذا فخ منصوب يا صباح من يقع فيه
كل يوم الطمع فيه والتمهير كل ليلة   ليس يجي بعد ليس في … الاغيلة   تذ بنيت ان نغديه في زنبيل فيليه
واش في ذا الوعد حالي قبل ان نفديه
اختصر هذا كله واعمل من نوع الغد   الك نريد ان نقبل الشان يا ابن اجود   خرجا ما على ان دري ذا الخبر جيد
كل خبز بر حالي الذي نطبخ اشويه
دعني ذا الليلة نتفرج دعني ذا الليلة نكن   ومن الفرح نتم وعد النديم   شرب الوشلي ما عي على غبن ابن   ابي امر
لم نغمض طول الليل الا نشرب ونسقيه
دذ تمت الاجيال وهو من قلبي مقطوع   وحان تحير بابا ومن اللذ مجموع   نسمع الناس يقولوا ان ذا … مطبوع

ونراني اذا كتبت كتاب ننثر السحر والكلام اللباب ونجمل زمام ونلتقط حباب
واذا قال شعر بين كم

نريد منك اذا قصدت ان نراك ان لا تمنع اذا دخل ذاك وذاك معن مولاي في الجرين سواك
سلط الله في دار سواك الهدم

ونذاك الرجل فيك غدا صحيح بكلاما مليح وخطا فصيح واي تغزل جعلت فيك واي مديح
والله يا قوم لغلا تمنو رقم

امتلى قلبي من سرور وفرح اي والايمان تلزمن ذاب ننشرح من راك يا وزير ولا يسترح
سلط الله نخصوصيه الجعم

فاذا جيت في امر ان نخشاه الى دارك الاهتز باه نهز باه وانا عريان فاكسيني ثوبا من جاه
الكرم عزا والكرامه طعم

ونمدح انا بكل لسان وذا الازجال كما تراها حسان وعبيدك نحن بني قزمان
وانت كما انت وحفل الملتزم

نمضي ان شا الله من سرور لسرور والسعاد بشاشت اذ مطور وعدوك ايدا نشوا الطلوع
لعن الله من لا يقول نعم

ثالث عشر

١٥

يا عشقك لاليمه جسيمه

من يحبك ويموت فيك ان قبلت تماد يكون نبيك لو قدر قلبي نخليك
لم يدبر ذا النعيمه

يا نظر من سلباط ثن خذني بيباط ان اليوم نشطاط
لم تذق فيه غير لقيمه

قلت هم الله الاكته لس نطيق منه على اكه اذ نريد نحد الاخضر
تمد تماذ بنر النسيمه

يا زين المحافل ومليح نعم وعاقل اي جبر ليس من متاقل
لسو جعلك الله جزيمه

كل عشق فيك هو مولوع   يحر بابل هو فيك مجموع   كل نادر منك مسموع

متى ما قلت كليمة

الجوهر

فمن التاج نهيدات   ومن الدر منك خديدات   ومن السكر ضريسات

ومن السكر قميمة

لو منعت الناس من الصوم   وتقول كفروا يا قوم   ما بقي الجامع اليوم

الا مربوط بخزيمة

انت من الغايد اجل   وانا مملوك وانت مولا   مولاي ومن يقل لا

نزم في عنق لطيمة

اليكم ذا الصد عني   واليكم ذا التجني   جعل الله منك ومني

فدار رحلي حريمة

وقال ... ايضا رابع عشر زجل

البقي بلا شرب ابغض الاشيا الي   ما المني هب دعوني ان يتم الله علي

دنيا هي كما تراها فاجتهد واربح زمانك   كل يوم وكل ليلة لا تخلي مهرجانك   واشتغل عليه من قبل ان يجي الموت

لتري بيدك مصيبة ان تموت والدنيا حي

شاع دنو من شرب [illegible] بين الاشكال والاملاح   واش يوم بلا رقاعة واش يوم بلا وقاحة   لس نعد اللذة لذة ولا يذ الراح راح

حتى تدخل شفة الكاس بالشراب بين شفتيا

لو رايت لكوا من داري والشربة بيه تلتي   اي حبيب لوجه الله ان شراب لو ان [illegible] حسبك ان نخضر نختم ونري الثريا

ملتهم تحت زجاجي اذ تنعقت تحت الثريا

اي شراب يذ فداري واي معيشة بذمامي   لو جعلك الله تراني وتري الخمار [illegible]   والقطيع [illegible] في كفي والمليح بي

كثيري سر في كفي وقمه بين اذرعي

فلقد عطاني الله ما منع عن كل انسان من شال هذا الجاه متاعي لم يكن بعد ولا كان فلا ملك الا ملكي بعد [illegible]

قبل العابر بحال [illegible] كانوا وبني امية

تشرب احببت داسك والغاية بيد عينك [illegible] زنجال من رباق وطيلسان وصبغ الكف خضابا [illegible] صح الى حبيب وحق [illegible]

اي جي بيني تساع ويقول [illegible] هي [illegible] تيا

مولانا ابو القسم قاضي الجماعة   لا زالت الخيرات عندك مشاعة   وجاتك الامال سمعا وطاعة
وزاد ذاك المولا مفخر لمفخر

انت الهدى للذين يهتدا لك   فاوزع المولا شكرا هنيا لك   مشى القضى خيران حى انتهى لك
فالباطل ان لاشى والحق ظهر

تمع عن الانصاف ولم يجرب   حتى طلع عندك للعدل كوكب   ولس تجد باطل لوان يطلب
وقام خطيب الحق في كل منبر

يطول على الاقلام تكتب ونعيا   زوجته الفقر طاير تجمل وتحيا   يا المتخلي انت لا بش ولا يسا
تقل بعد لا ذا الابد ولا تقصر

يوم ان نراه تفرج ونستزيد جاه   حتى طريق داري لما نراه باه   بما نجد ذكرك حلو فالافواه
كان من مملاني بسكر

لا زالت الايام تقضي مرادك   وخصك المولا بالجاه وزادك   وذل من يجري الى عنادك
من لا يقول امين عين تطير

وقال ايضا 81

عفى الله عنه

التسع الجديد انا جيتك   لس تمن لي عيش حتى نصيبك

انظر فارحل الى صديقك   وارحل للارذن وجى طريقك   طويل من اكل بعدد دقيقك
وينزل عليك ويزد طيبك

دار لا تعد الا دارك   في بيت تكون وانا جوارك   ايام ذاب لي فانتظارك
ان ردت شوى الله حسبك

لقده صلاح ايام دخولك   اذ ينقطع شطاط الغمام طولك   وانت تلوح ما بين سبولك
ما املح اذ تعن على قضيبك

ان جيت فالجواب لذا الرسالة   على بغل جى بجمال رحالة   نعند تكون في عين جلالة
ان نعطيك بالجد ولا نعيبك

ماجيت زمان الا زمانك اوينا خير عند مكانك اوعمي الفني بمر في شانك
والله لانزول حتي نجيبك

81 وقال أيضا

عفي الله عنه

الناس في ادام وخبز يابس اِن ذمت شوي فنشعي نقايس
الناس للتمييد وانا الكنتره نراني عليها فرخ نسره كاني اري بجسمي حسره
نجبر بالذرو ونصف ناعس
اكلتم لحم وانا بلاشي نشتم الشوي ولش نري شي قد صرت بلان اني كنت ماشي
نطلب كعك نجري علي الغلالس
وقطايجي فالسقف سايب مبلول الدقم شط الشوارب مقبل بالجري بنضع هارب
نذران نخير بمر القطاطس
نري كل احد يعمل دمانه وانا قد بقيت نخبر سانه مع ماني انا من الدنانه
فانا الورنت في خرب داحس
جيده نتمي الي السوزانه ولش اللحم عندي امانه وقوما نجوني للزيانه
عن اخوان بعد وهم جواسس
نتي فالمنام نجي اليت اباشن وتسخفوا بي يقولوا الي نخذ شوي
ماشا الله كان حتي الابالس
اعطيني لحم وخبز مذهوز وارسل فحم وارسل كانون فالفندق متاع الوقف نسكن
اوداني علي الضيافه نجالس

82 وقال أيضا

٥ بن غدا نشم السور والزرايب نتمتر كلما نبق للعيد اربع ايام لا اكثر
الثلثا والاربعا والخميس واستريحنا نهار الجمعه لليل جيد نكون ان فرحنا وتجوم سلامك ونحن قد ذبحنا
الي جينا المجزر وطعاما محتمه

O Texto em Caracteres Árabes

الزجل الأول

٠- نرِيدْ ولِخوفَ النُشْبَ نَبْكِي
وَاشْ نَقْدَرْ؟ نُموت وراكْ يا وَشْكِي

١- عَشِقْتُ وصَحَّتَ الرَوايَه
فقَالْ لّي لقَدْ في أمرَكْ آيَه
مِنْ ذَابْ نَبْتَدِيكْ نَعْمَلْ نِكايَه
نَرْضى برِضاكْ فَادُلْ وَانْكِي

٢- قدَ اشْوَرْتَ انَا لِمَنْ نَثِقْ بيهْ
وقُلْتُ لَهُمْ فُلانْ نُموتْ فِيهْ
قالوا لِي: نَشَبْتَ ايَّاكْ تِخَلّيهْ
وَاحَدْ يَثْنِيْ خَيْرْ وَاخَرْ يزَكّي

٣- قدْ دُبْتُ مَا بَيْنْ راجِيْ ويَايِسْ
وصِرتُ حُطام انْ سَحْتِ يابِسْ
فَاحلى مَا نُرى فِي بَيْتِيْ جَالِسْ
نِميدْ ونُرَى للحَيْطْ مُوَكّي

٤- أللَّه قَدْ عطَاكْ جمَالْ بقُوَّه
فَمِنْكَ النَّكَالْ ومِنْكَ قُوَّهْ
لِسَ اكْفَى مَا هِي رُقَاقْ حُلْوَه
إلاَّ حتَّىْ عادْ صَبَغْهَا مِسْكِي

٥- أشيَقَرْ حلُو مَليحْ رقِيق شَاطْ
أصَابَعْ شَرِيفْ مُلوكِي خَطَّاطْ
تَرَاهُ بِحَالْ مَنْ مَدَّ بِجْمَاطْ
يَتْعَجَّبْ إذَا رَآهَا كَعْكِي

٦- اَحكَمْ فى البَلَدْ وَخُذْ وَخَلّي
وَنَسْمَعْ أنَا مِمَّا يُقَالْ لّي
يَا مَوْلى المِلاَحْ أعْزَلْ وولّي
بَالطَّبْعَ هُوْ هَذَاكْ أوْ لكْ يَحْكِي

٧- السِحرَ تُقولْ جَدِيدْ وَبَالِي
وهَوْلاَ الرجَالْ لّسْ مِنْ رِّجَالِي
أنا هُوْ أنَا وَأيْ بِحالِي
...

٨- سَوادْ مَنْ يُغُشْ أوْ مَنْ يدلّسْ
أيْ حَبْسْ مِنْ حُبوسْ وَاللّهْ يُحَبَّسْ
لِمنْ كَانْ قفَاهْ أسبَطْ مُملَّسْ
يُرُدَّ الامِينْ بِالزَّرَ شِرْكِي

٩- تَميزَ الكَلامْ اِنْ مُتَّ أرْحَمْ
رَجَعْ كَلَّ احَدْ فرَسْ وَحَمْحَمْ
فإنْ جيتْ انا خُلّيتُ مُقحَمْ؟
ألقِي غيَرْ عيَنْ وقِلي أبكِي

الزجل العاشر

٠- ذَابَ نَعْشَقَكَ لا لَيْمه
نُجَيْمه

١- مَنْ يحِبَّكْ وَيُمُوتْ فيكْ؟
إنْ قُتِلتْ عَادْ يُكونْ بيكْ
لوْ قدَرْ قلبي يخلّيكْ
لمْ يدَبَّرْ ذا النُّغَيْمَه

٢- يَا مُطرَنَنْ شلِباطْ
تَنْ حَزينُ تَنْ بنَاطْ
تَرآ اليَوْمَ وَشَطَاطْ؟
لمْ نُذُقْ فيهْ غيْر لُقَيْمَه

٣- قُلتُ هَمَّ اللّهَ الاكْبَرْ
لسْ نطِيقْ منُّهْ عَلى اكْثَرْ
إذْ نرِيدْ مَسْجِدَ الاخْضَرْ
تَمْضِ عَادْ بيرَ النُّشَيْمَه؟

٤- (أنْتَ) يَا زَيْنَ المَحَافِلْ
وَمَلِيحْ نَعَمْ وعاقِلْ
أيْ حُجَيْراتْ عَنْ مَتَاقِلْ
لوْ جَعَلَكَ اللّهْ جُذَيْمَه؟

٥- كُلٌّ عَاشِقْ فِيكْ هُوْ مَوْلُوعْ
سِحْرَ بَابِلْ هُوْ فِيكْ مَجْمُوعْ
كُلٌّ نادِرْ مِنْكَ مَسْموعْ
مَتَى مَا قُلْتَ كُلَيْمَه

٦- فَمِنَ التُّفَّاحْ نُهَيْدَاتْ
وَمِنَ الدَّرْمَكْ خُدَيْدَاتْ
وَمِنَ الجَوْهَرْ ضُرَيْسَاتْ
وَمِنَ السُّكَّرْ فُمَيْمَه

٧- لَوْ مَنَعْتَ النَّاسْ مِنَ الصَّوْمْ
وَتْقُولْ "أَكْفُرُوا يَا قَوْمْ"
ما بَقَى بَالجَامِعَ اليَوْمْ
إلاَّ مَرْبُوطْ بِخُزَيْمَه

٨- أَنْتَ مِنَ الفَانِذْ احْلاَ
وَانَا مَمْلُوكْ وَانْتَ مَوْلاَ
مُوْلَى وَمَنْ يُقُولْ لاَ
نَرْمْ فِي عُنْقُ لُطَيْمَه

٩- إِلَى كَمْ ذَا الصَّدٌّ عَنِّي؟
وَإِلَى كَمْ ذَا التَّجَنِّي؟
جَعَلَ اللَّهْ مِنْكْ وَمِنِّي
فِدَارَانْ خَالِيَ حُزَيْمَه!

الزجل الثمانون

٠- ألقمح الجديد أنا حبيبك
لس يهنا لي عيش حتى نصيبك

١- أنظر فالرحيل إلى صديقك
وازحل للاردن وجي طريقك
طوبل من أكل بعد دقيقك
وينزل عليك ويدر طيبك

٢- داري لا تعد إلا دارك
في بيتي تكون وانا جوارك
أيام ذاب لي فانتظارك
إن درت شوي الله حسيبك

٣- لقد ه صلاح أيام دخولك
إذ يقطع شطاط القام طولك
وأنت تلوح ما بين سبولك
ما املحك اذ تقف على قضيبك!

٤- إن جيت فالجواب لذا الرساله
على بغل جي بحال رحاله
فعند تكون في عين جلاله
لس نعطيك لحد ولا نهيبك

٥- ما جيت زمان إلا زمانك
أوريني الخير عند مكانك
أو عمي الفقي يمر في شانك
والله لا نزول حتى نجيبك

O Texto Árabe-Andaluz: Transliteração

ZEJEL N. 1

0. Niríd waliḵáwf annúxba nabkí.
Wáx naqdár? Numút warák, ya waxkí.

1. *‘Axáqtu was̥áh̥h̥at arriwáya.*
Faqálli: – “Laqad fi ámrak áya.
Min ḏáb nabtadík na‘mál nikáya”.
Nard̥á birid̥ák: faḏúlli wankí.

2. *Qad axwárt aná liman naṯíq bíh*
waqúltu lahúm: – “Fulán numút fíh”.
Qalú li: – “Naxábt! Ayyák, tiḵallíh”.
Wah̥ád waṯní ḵayr waḵár yizakkí.

3. *Qad ḏúbtu ma báyn ráji wayáyis*
was̥írtu h̥ut̥áman sáh̥ti yábis.
Fáh̥lá ma nurá fi báyti jális,
nimíd wanurá lalh̥áyt̥ muwakkí.

4. *Alláh qad ‘at̥ák jamál biqúwwa*
famínk annakál wamínka fúwwa,
lis akfá ma hí ruqáq h̥ulúwwa,
illÍ h̥átta ‘ád s̥abágha miskí.

5. *Uxáyqar, h̥ulú, malíh̥, raqíq, xát̥,*
as̥ába‘ xaríf, mulúki, k̲at̥t̥át̥.
Taráhu bih̥ál man mádda pičmát̥:
yat‘ajjáb id̲á ra’áha ka‘kí.

6. *Ah̥kúm falbalád, wak̲úd̲ wak̲allí.*
Wanasmá‘ aná mimmá yuqallí:
“ya máwl almiláh̥ a‘zál wawallí”.
Bat̥t̥áb‘a hu [ha]d̲ák aw lak yah̥kí?

7. *Assíh̥ri nuqúl jadíd wabáli.*
Waháwl arriját lis min rijáli:
aná hu aná, wa’áy bih̥áli?
[...]

8. *Sawád man yugúxx aw man yidallás!*
Áy h̥ábs min h̥ubús, walláh, yuh̥abbás!
Limán kán qafáh asbát̥ mumallás,
yurúddu lamín bazzázzi čirkí.

9. *Tamíz alkalám, in múttu, arh̥ám:*
rajá‘ kull ah̥ád farás wah̥amh̥ám.
Fa’in jít aná, xullítu mufh̥ám,
ulqí gayri ‘ayn waqílli “abkí”?

ZEJEL N. 10

0. ḏába na‘xáqka: La Láyma!
Nujáyma!

1. *Mán yih̥íbbak wayumut fík?*
In qutíltu ‘ád yukun bík.
Law qadár qalbí yiḵallík,
lam yidabbár ḏa nnugáyma.

2. *Ya mut̥árnan,* xilibáto,
tan *h̥azín*o, tan penáto!
Tara ’alyáwm waxat̥át̥u?
Lam nuḏúq fih gayr luqáyma.

3. *Qúltu: – “Hám alláh alakbár!*
lis nit̥íq minnú ‘ala kṯár!
iḏ niríd masjíd alaḵdár,
támd̥i ‘ad bír annuxáyma?”

4. *[Ánta], ya záyn almah̥áfil,*
wamalíh̥ na‘am wa‘áqil!
Áy h̥ujayrát ‘an maṯáqil,
law ja‘álk alláh juḏáyma!

5. *Kúlli ‘áxiq fík hu mawlú‘,*
síh̥ri Bábil hú fik majmú‘,
kúlli nádir mínka masmú‘
mata ma qúlta kuláyma.

6. *Famin attuffáh̥ nuhaydát,*
wamin addármak ḵudaydát,
wamin aljáwhar d̥uraysát,
wamin assúkar fumáyma.

7. *Law maná‘t annás min as̥s̥áwm,*
watuqúl “akfúru, ya qáwm”,
ma baqá [b]aljámi‘ alyáwm
illa marbút̥ biḵuzáyma.

8. *Ánta min alfániḏ ah̥lá,*
wána mamlúk wanta mawlá
muwallá, wamán yuqúl “lá”,
nármi fi ‘únqu lut̥áyma.

9. *Ila kám ḏa s̥s̥áddi ‘ánni,*
wa’ila kám ḏa ttajánni?
Ja‘al állah mínk wamínni
fi daran ḵálya h̥uzáyma!

Zejel n. 80

0. Alqámh̥ aljadíd, aná h̥abíbak!
   Lis yahná li ‘áyx h̥attá nis̥íbak.

1. *Anz̥úr farrah̥íl ila s̥adíqak,*
   wazh̥ál lalardún, wají t̥aríqak.
   t̥ubál man akál ba‘ád daqíqak,
   wayanzál ‘aláyk wayádri t̥íbak!

2. *Darí la tu‘údda ’ílla dárak:*
   fi báyti tukún waná juwárak;
   ayyáman ḏába li fintiz̥árak,
   in dúrta xuwáy, alláh h̥asíbak.

3. *Laqád hu s̥aláh̥ ayyám duḵúlak,*
   iḏ yaqt̥á‘ xat̥át̥ alqáma t̥úlak,
   wa’ánta tulúh̥ ma báyn subúlak:
   Ma mláh̥k iḏ taqáf ‘ala qad̥íbak!

4. *In jít faljawáb liḏa rrisála,*
   ‘ala bágli jí bih̥ál rah̥ála,
   fa‘índi tukún fi ‘áyn jalála,
   lis na‘t̥ík lah̥ád walá nihíbak.

5. *Ma jítu zamán illá zamának:*
   awríni ’alḵáyr ‘inda makának
   aw ‘ámmi lfaqí yumúr fi xának;
   walláh, la nuzúl h̥attá nijíbak.

O Texto Português: Tradução

Panegírico-Requebro do Alamim Waxki

0. Amo e temo: o amor enreda e mata.
E posso? Te amar, Waxki, me mata.

1. *Amei. E acertaram no boato.*
– "Teu caso me deixa estupefato.
Desde agora, aviso, eu te maltrato."
Topo o trato: Humilha! Me maltrata!

2. *Consultei alguns em quem confio.*
Contei: – "Por Fulano estou cativo"
– "Caíste na rede? Pula, amigo!"
Um louva bem; do outro os bens – oblata.

3. *Definhei de fé e desespero.*
Fiquei feito escombro, velho e feio.
Mal me sento em casa e já tonteio
e a parede vira uma almofada.

4. *Deus te doou em dobro a beleza.*
Junto ao mal te pôs delicadeza:
a boca doce é do doce presa -
tanto almíscar que dele se empapa.

5. *Loiro, bom, gentil, postura altiva;*
mãos de nobre, príncipe e de escriba
e os dedos, biscoito – a massa em tiras
faz com que o doceiro estupefaça.

6. *Ordena a cidade: elege e manda!*
E o que ouço correr de banda a banda:
"Senhor dos senhores: faz, desmanda!"
é o teu natural – Não te retrata?

7. *Digo encanto novo e encanto antigo.*
Do feno, estes homens; sou do trigo.
Eu sou eu. E quem faz par comigo?
[O Zejel "Quzman" comigo empata!]

8. *Azar de quem frauda ou de quem burla.*
Ninguém terá prisão como a sua.
Mal alisa a roupa, apruma a nuca,
o alamim lhe gruda uma chibata.

9. *Se eu morrer, o verbo me lamenta:*
Cavalos relincham, não inventam.
Volto e esfumo, num só verso-emenda,
quem me tira a prenda. E manda: – "Mata!".

LIMINHA, A ESCRAVA QUE VIROU ESTRELA

0. Te amo agora és Estrelim!
Não Limim!

1. *E há quem mais ame a tal ponto?*
Se amo, é por ti que ando morto.
Se eu pudesse punha um ponto e
não rimava a cançãozim.

2. *Adoidado!* Alocado!
Tan tristino! Tan penado!
Vês o dia que alongado?
Dele provo só um pouquim.

3. *Disse: – "Juro por Deus Grande!*
Tem alguém que ainda agüente?
Se eu falei Mesquita ontem
por que esperas no Moim?"

4. *És o encanto em toda festa,*
linda e, antes disso, esperta.
Falta um pé? Quanta moeda
vira jóia ao teu pezim!

5. *Quem te ama se apaixona.*
Reúnes a Babilônia.
Maravilhas vêm à tona
só com uma palavrim.

6. *Como maçãzim os peitos,*
as bochechas, dois confeitos,
dentes pérolas, perfeitos,
e de açúcar a boquim.

7. *Se dissesses algum dia*
"Sem jejum! Vamos à vida!",
nesse dia até a Mesquita
se trancava com cordim.

8. *Doce mais que o alfenim,*
eu escravo, tu raim.
Em quem diz "não é assim"
um cascudo e um tapim.

9. *Até quando assim me tratas,*
me desdenhas e me escapas?
Em casa largada às traças,
Faça Deus, de ti e de mim,
um feixim!

CARTA AO TRIGO NOVO

0. Trigo novo, sou eu teu amado,
prazer em viver, só se a teu lado.

1. *Considera a volta ao teu amigo.*
Afasta o ingrato do caminho.
Feliz quem comeu do teu amido:
está contigo e sabe o teu agrado.

2. *Minha casa conta como tua.*
Aqui, ao meu lado, é minha e tua.
Faz dias te aguardo – é sol, é lua...
Vem, se tardas mais, Deus cobra o tardo.

3. *Dias bons... enfolhas todo o chão,*
e cresces no alto mais que Adão,
na ponta espiga, palha e grãos.
– Lindo o porte que ergues sobre o talo!

4. *Se me vens por este meu recado,*
vem na mula, como os bens, montado:
te recebo igual e de bom grado
e a ninguém te dou, nem emprestado.

5. *Por um tempo eu clamo: por teu tempo.*
Me aponta o lugar do teu contento.
Que o tio alfaqui não chegue a tempo:
Só descanso, trigo, se te trago.

NOTAS

1. NOTAS AO TEXTO ÁRABE

Zejel n. 1

'Arūḍ acentual: *ṭawīl* = *fa'úlún mafá'īlún fa'úlún.*
Equivalência rítmica: ∪ – – ∪ – – – ∪ – –
Acentos: 2ª/3ª, 5ª, 7ª e 9ª/10ª sílabas.
Acentos menos freqüentes: 6ª sílaba.

0. 1- /niríd/, harmonização vocálica do prefixo /na/ de verbo imperfeitivo côncavo em /y/. Vale também para /nimíd/ abaixo. Ver capítulo "A Língua do Zejel de Ibn Quzman", o item Gramática. II. 2.2.2. e 2.2.2.1. De agora em diante, passo a referir-me a este capítulo simplesmente com "Gramática". Todas as referências a serem feitas sobre o editor deste zejel estão em Corriente, 1992: 183-186.
/nuxba/ como /ixtibāk/ no árabe clássico, isto é, "enredamento" (Corriente, 1980: 8).

2- /wax/_ /wa/ + /ax/ > /a(y)x/ > /ay xay'/ cf. Reinhardt Dozy, 1881: 45. Palavra acentuada aqui, apesar de o metro não exigir sílaba tônica nesta posição; a primeira sílaba do verso de um zejel (bem como da *qaṣīda*) pode violar o *'arūḍ̥*. Neste caso, o primeiro pé consiste num *fá'ilún*: – ◡ –.

/numút/, harmonização em verbo imperfeitivo côncavo em /w/.

1. 2- /ḏáb/ léxico vulgar; significa "agora".

4- /faḏúlli/, correção, pelo editor, da grafia >fadull<, que quereria dizer "mostrar, provar". Ver "Gramática", o item I. 1.2.

2. 1- /axwart aná/, correção, idem, de um >axwartu anā< do ms.. Tanto /axwártu ná/ como /axwárt aná/ são possíveis no andaluz.

2- /waqúltu/, correção, idem, de um >qult<, por exigência do metro. O mesmo vale também para /ḏúbtu/ por >ḏubt< na próxima estrofe.

3- /tiḵallíh/, cf. o editor. Harmonização em /i/ em verbo imperfeitivo, forma II. Como nos demais casos em que ocorre harmonização, pode-se pensar como vogal neutra do prefixo o fonema /a/. Vale também para /yizakkí/ e /yidallás/.

3. 1- /báyn ráji/, no ms., >bayna rājin< é contrário ao metro, de onde se deduz alteração do copista, para efeito de classicização. Note-se que o acento em /ráji/ incide na 6ª sílaba. Talvez fosse melhor um /bayna ráji+ w-yáyis/, restituindo a forma /bayna/ do ms. e implicando uma junção /ráji/ com /w-/, como uma possibilidade de registro baixo da língua.

4. 2- /fúwwa/, correção de errata pelo editor. Seria uma corruptela do árabe clássico /fahwah/ ou /fūhah/.

5. 1- /xáṭ̥/ léxico vulgar; significa "alto".

3- /pičmáṭ̥/, >bjmmāṭ̥< no ms._ romancismo; um tipo de biscoito, talvez o maçapão. O andaluz não dispunha de letras próprias para o /p/ e o /č/. O primeiro se escrevia com >b< e o segundo tanto por >j< como por >x<.

6. 1- /falbalád/, correção da grafia classicizante e vocalização, fei-

tas pelo editor com base em outras fontes do árabe-andaluz; no ms. está >fī albalad<.

2- /wanasmá'/, no ms. aparece como >wanasma'u<, outra forma classicizante.

/mimmá/, >min mmā/, no ms. Correção, pelo editor, da grafia classicizante, tendo em vista a assimilação com perda de consoante. Ver "Gramática", o item I. 1.2.

/yuqallí/, acentuação forçada, mas possível, já que a última sílaba /lí/ é uma sílaba longa na grafia árabe. Era tradicional na Andaluzia pôr os acentos nas sílabas longas do árabe clássico, sempre que o metro ou a rima assim o exigisse. Cf. Corriente, *op. cit.* Ver capítulo "Quzmanologia", o item Dialetologia: A Contribuição de Federico Corriente.

4- /[ha]ḏák/, idem. Restauração do pronome para completar as dez sílabas do verso. Novamente acento na 6ª. sílaba. Não me parece bem do ponto de vista rítmico.

7. 1- /assíḫri/, restituição de >alsiḫra< do ms..

2- /lis/, evolução de /laysa/. Normalmente aparece na forma >las<.

4- No ms., falta este verso.

8. 3- /kán qafáh/, >kān hu qafāh<, no ms.; >hu< parece exceder ao metro.

4- /yurúddu/, >yuradd< no ms., flexão inapropriada de caso (voz passiva) e gênero (masculino), por ignorância do copista.

/čirkí/, >xirkī< no ms. = romacismo que significa um ramo de carvalho. Ver possibilidade de /č/ por >j< em 5.3.

9. 1- /tamíz/, grafia hesitante no ms.. Debaixo da letra >t< aparecem pontos diacríticos impertinentes. Ver "Gramática", o item II. 2.2.6.

4- Verso de difícil leitura, para Corriente. Na cópia do ms. de que disponho, o verso está totalmente apagado. Contudo, o *Léxico estándar y andalusí del Dīwān de Ibn Quzmān* de Federico Corriente (1993) não menciona /‘ayn/ na acepção de moeda monetária; além disso, duas palavras deste verso aparecem com vocalização diferente e, portanto, com sentidos diferentes: /alquí/ “atira tu” e /waqúlli/ “dize-me”. Emilio García Gómez (1972: 8-9) deu uma outra leitura. A respeito desta, ver nota devida que acompanha minha tradução.

Zejel n. 10

‘Arūd̥ acentual: *ramal* = *fá‘ilátún fá‘ilátún*
Equivalência rítmica: – ◡ – – – ◡ – –
Acentos: (1ª), 3ª ou 4ª, 5ª, 7ª ou 8ª sílabas.

0. 1- Federico Corriente sugeriu duas etimologias para /ḏába/: o árabe antigo /da’ban/ (1980b: 78) ou /iḏā bah/ (1984: 315) como pronúncia beduína de um clássico /iḏā bihi/ (1980a: 198). A primeira quereria dizer “sempre” e a segunda, “eis aqui”. Ver “Gramática”, o item IV. 1 e nota.
/na‘xáqka/, correção do editor: >na‘xaqki< no manscrito, o que é improvável, já que o andaluz não marca o feminino deste pronome. Ver “Gramática”, o item II. 1.2.2.
2- Para /nujayma/, ver “Gramática”, o item II. 1.2.1. Corriente (1980b) excluiu /nujáyma/, acreditando ser um descuido do copista, já que o verso de oito sílabas se completa em /láyma/, mas reintroduziu o termo na tradução de 1984, como já o fizera García Gómez (1972: I. 56-59). Esta última referência vale para a edição de García Gómez para este zejel e o de n. 80; passo a referir-me à sua obra de 1972 somente com o volume e a(s) página(s).

1. 1- /yiḥ̥íbbak wayumút/, >yaḥ̥ibbak wa yamūt<, no ms.. Com base em Corriente, 1992: 183-185 e 1993, mudo a vocalização (/a/ > /i/ ou /u/) dos prefixos destes e dos demais verbos surdos e

côncavos deste poema, que no ms. aparecem com >a<: /yukún/, /nuḏúq/, /nit̥íq/, /tiríd/, /watuqúl/ e /yuqúl/. Ver "Gramática", o item II. 2. 2. 2. 1.

3- /yiḵallík/, >yaḵallík<, no ms.. Como na nota precedente; agora para o verbo de forma II; vale também para 4- /yidabbár/.

2. 1- /mut̥árnan/, este termo do léxico andaluz já foi lido como um romancismo /mat̥re tan/. No entanto, >mut̥arnani<, como está no ms., ou /mut̥árnan/ em Corriente (1980), já constava no léxico de Pedro de Alcalá (séc. XVI) como "loco", "perenal loco" (apud Lagarde, 1883: 294 e 347) e no de R. Dozy, 1881: "fou, fou qui n'a aucun intervalle".

/xilibáto/, >xilibāt̥u<, no ms., inversão do romance /xibilado/, com o mesmo sentido de /mut̥árnan/.

2- >tun h̥azīnu tn yanāt̥u<, no ms.. Romancismos, com exceção de >h̥azīnu< que, porém, já havia entrado no romance na forma /hazino/. Sobre as diversas interpretações que se deram destes dois versos aljamiados, ver E. García Gómez, III, 340-342. Ver, também, "Gramática", o item IV. 2.

3- /xat̥át̥u/, do léxico árabe-andaluz, quer dizer "comprimento"

4- /nuḏúq/, >taḏuq<, no ms., corrigido por García Gómez.

3. 1- >hum 'allāhu l'akbar<, no ms. Correção do editor. Ver "Gramática", o item III. 4.2.

2- Cf. nota, *supra*, ao zejel n. 1.

/minnú/, >mnhu<, no ms, forma classicizante. Correção do editor, cf. nota ao zejel n. 1.

3- Cf. >nrīd< do manuscrito. Mantenho o prefixo /nv-/ do manuscrito, desviando-me da leitura de Corriente: /taríd/. Ver tradução adiante.

/masjíd alaḵdár/, para a determinação entre os nomes no árabe-andaluz, ver "Gramática", o item III. 1.1.

4- No ms., >tamdi< por >tamd̥ī<, cf. confusão, característica do dialeto, entre os fonemas /d/, /d̥/, /ḏ/ e /z̥/. Ver caso de /aḏúll/

no zejel n. 1 com a nota respectiva. Note-se, também, a ausência de /y/, que indica a ausência de acento rítmico na sílaba correspondente.

4. 1- /ánta/, inserção de caráter conjectural do editor, onde falta ao manuscrito. García Gómez leu uma forma interjeitiva >ā-yā zayna[t] almah̥āfil<, sugerindo uma forma classicizante, inoportuna neste zejel e, principalmente, nesta estrofe que reproduz um registro médio a baixo do dialeto.
   2- /na'am/, do léxico árabe-andaluz, significa, neste contexto, "apesar disso", "porém", cf. Corriente, 1993: 150. Já foi lido pelo editor como /ni'ma/, no sentido de "muito". Ver "Gramática", o item IV. 1.

5. 1- >kull 'axiq fika<, no ms. Um bom exemplo de como, por vezes, o copista alterou a vocalização do "original", tirando ou colocando vogais, tendo como parâmetro o árabe clássico; no entanto, esta transcrição grafêmica indica ainda que o copista não entendeu muito bem o que copiava, pois estaria faltando um /man/ depois de >kull< para se poder ler "todo aquele que ama está por ti apaixonado". Ver, *infra*, a tradução e a nota correspondentes.
   2- /síh̥ri/, >shra<, no ms. Correção do editor.

7. 2- /akfúru/, pela metrificação, verfica-se que o imperativo árabe-andaluz dissílabo é normalmente oxítono e o trissílabo ou o quadrissílabo, paroxítono.
   3- /[b]aljámi'/, para >mā baqiya aljāmi'u<. Correção do editor que leu /marbút̥/ "atado", no verso seguinte, não como particípio, mas como adjetivo substantivado. Na tradução, preferi a forma do manuscrito, admitindo uma dissimilação entre /baqÁ/ e /Aljámi'/

8. 1- /alfániḏ/, cf. o manuscrito >alfāniḏ<, evolução de /alfānīḏ/ do árabe antigo. Parece que assim se pronunciava esta palavra na Andaluzia, apesar de que o arabismo português "alfeni" e o

espanhol "alfeñique" levem acento na sílaba "ni", o que sugere, por sua vez, que este termo deva ter entrado no romance provavelmente via o árabe clássico, ao contrário da tendência de os arabismos derivarem do árabe dialetal. Ver notas 80 e 81 do capítulo "A Língua do Zejel de Ibn Quzman".

3- /muwallá/, correção do editor ao >mawlāy< do manuscrito – uma possível assimilação da letra *hamza* em >mawlā'ī< "meu senhor" –, em função do metro que não tolera acento na segunda sílaba do verso.

9. 3- /mínk/, >minka< no ms., intenção classicizante que, por cima, faz o verso exceder em número de sílabas.

4- >k̲ālī<, no ms. Alteração do copista, já que /dár/ no andaluz é feminino. Ver segunda estrofe do zejel n. 80.

Zejel n. 80

'Arūḍ acentual: *mutaqārib manhūk muk̲alla'* =
fa'úlún fa'ú fa'ú fa'úlún
Equivalência rítmica: ∪ – – ∪ – ∪ – ∪ – –
Acentos: 2ª/3ª, 5ª, 7ª e 9ª sílabas

0. 2- /yahná/, >yahna< por >yahnà<. O acento na edição é exigido pela próxima palavra >lī< que deve ser átona.

1. 1- /anzúr f-/, "leva em conta" no ms., >unzur f-<.Ver "Gramática", o item II. 2.2.3;

/farraḥíl/, cf. Ahwānī apud. Corriente, 1984: 341, nota 2. No ms., >fazzujayyla<; melhor seria >fazzujayyal< "ao zejelzinho". García Gómez (1972: I, 398) leu /fazzujayl/ e Corriente (1980b: 514), /fazzajál/.

2- /wazḥal lalardún/, cf. Corriente, 1984: 341, nota 3. e 1993: 18 e 71. >warḥal ll'rdun<, no ms. García Gómez, op. cit., leu / warḥal lilurdunn/ "ve al Urdunn" e explicou em nota: "'al-

Urdunn' = 'el Jordán', nombre que designa a Málaga, porque en esa zona quedó instalado el *jund* del Jordán, cuando el asentamiento de los primeros invasores". A respeito dos *junūd*, ver capítulo "A Poesia na Córdova Almorávida", o item A População. Corriente (1980b) leu /warḫál lalandár/.

3- /ba'ád/, >b'adad<, no ms., "na quantia". Correção do editor de 1972.

4- /wayadrí/, >yadri< por >yadrī<. Um bom exemplo de como, no manuscrito, a *matres lectionis* de vogal longa desaparece para sugerir sílaba átona.

2. 1- /tu'údda/, cf. Corriente 1980b: 514-515, mas /tu'uddi/ "consideras", cf. 1993: 99. >tu'ud<, no ms., hesitação do copista em caracterizar ou a voz não agentiva do verbo (/tu'idd/) ou o modo imperfeitivo (/tu'udd/). Ver capítulo "Gramática", o item II. 2.2.2.1. e 2.2.4.

3- >ayyām ḏāba lī fantiẓārak<, no ms., tem uma sílaba a menos. Adição do *tanwīn* conetivo /an/ a >ayyām< e correção na vocalização em >fantiẓārak<, cf. Corriente, 1980b: 514-515. Ver capítulo "Gramática", o item II. 2.2.6.

4- /dúrta/, >rdta<, no ms. Correção de Emilio García Gómez, op. cit., e adoção por Corriente, 1984: 341 e 1993: 60, apesar da forma /zídta/ preferida em 1980.

4. 3- /tukún/, >tukūn<, no ms. Vocalização correta no manuscrito para este verbo côncavo. Ver nota 4 ao zejel n. 10.

5. 1- /jítu/ "lembro", mas /ḫbábtu/ cf. GG e Corriente, 1980: 341. /illá/, acento requerido pelo metro, em palavra normalmente paroxítona. Ver zéjeis n. 1 e 10.

2- >awrīnī<, no ms., cf. Pedro de Alcalá apud Lagarde, 1883: 176: "demostrar con el dedo: naurī, aureit, aurī".

/'alḵáyr/, >aḵīr<, no ms. Correção deste termo e do anterior por Corriente, 1980b.

2. Notas e comentários ao Texto Português

N. 1 – Um ritmo que fala

O parâmetro deste zejel, no *'arūḏ* clássico, é o metro *ṭawīl*, que consiste na combinação de dois tipos de pé: *fa'ūlun,* composto de uma sílaba breve seguida de duas longas[23] (◡ – –), e *mafā'īlun,* de uma sílaba breve seguida de três longas[24] (◡ – – –). Neste zejel, dá-se uma seqüência de dois *fa'ūlun* intercalados por um *mafā'īlun* (◡ – – ◡ – – – ◡ – –). Como no *'arūḏ* acentual do zejel, ou seja, o *'arūḏ* adaptado à fonologia acentual do dialeto árabe-andaluz, o icto, ou acento rítmico, incide geralmente na posição de uma sílaba longa do pé, as demais sílabas longas se neutralizam, passando a breves, ou seja, sílabas fracas, não acentuadas.

No *Cancioneiro de Ibn Quzman*, o pé *fa'ūlun* dentro do metro *ṭawīl* ganha acento na segunda sílaba, mas em geral admite uma variação bastante comum do icto na terceira. Já o *mafā'īlun* leva acento impreterivelmente na 2ª e na 4ª sílabas, e mais raramente na 6ª. Na combinação dos dois pés, o acento se comporta de duas maneiras: ◡ – ◡ ◡ – ◡ – ◡ ◡ –, na 2ª, 5ª, 7ª e 10ª; e ◡ ◡ – ◡ – ◡ – ◡ –, na 3ª, 5ª, 7ª e 9ª. No entanto, por uma licença poética permitida ao zejeleiro, a primeira sílaba do verso e a última podem admitir uma medida forte, podendo-se mudar a natureza do pé quando necessário; é o caso de 0.2 /wáx naqdár/ e as oscilações do acento nos finais de versos como em 0.2 /ya waxkí/, 1.1 /arriwáya/, 2.1 /naṯíq bíh/.

23. O equivalente a um *watid* e um *sabab,* O *watid* consiste numa consoante com vogal breve seguida de outra consoante com vogal longa, conforme *fa'ū*; enquanto que o sabab consiste numa consoante com vogal breve ligada a uma consoante muda, conforme *lun.* Juntos, *watid* e *sabab* formam o pé *fa'ūlun.* Os árabes não possuem o conceito de "sílaba". Cf. At-Tabrīzī, s/d, p. 17-18.

24. O equivalente a um *watid* (*mafā*) e dois *sababs*, um do tipo consoante com vogal longa (' ī) e outro do tipo consoante com vogal breve ligada a uma consoante muda (*lun*). Juntos, estes watid e *sabab* formam o pé *mafā'īlun.* Cf. idem.

Desse modo, o texto árabe-andaluz confronta de uma estrofe a outra o que seria para nós um eneassílabo grave e um decassílabo agudo. Na tradução, adotei somente a primeira forma, uniformizando o ritmo métrico ao sabor do gosto português, já que para nós o verso termina sempre na última sílaba forte. Por outro lado, o eneassílabo, muito usado pelos poetas românticos brasileiros, soa raro hoje na nossa língua e, por isso, desperta algum estranhamento que, no caso, me parece positivo para destacar a "diferença" deste texto como uma referência a uma realidade distinta.

É de se notar também a alta coincidência da palavra, ou fronteira de palavra, com os limites do pé métrico. Ainda que esta coincidência não deva ser tomada como um critério para se estabelecerem os metros do zejel, é notável que no Texto Árabe (TA), em aproximadamente 55% das vezes, as palavras começam e terminam dentro de um mesmo pé, sendo que em 15 versos (40%) a coincidência é absoluta, atingindo todos os pés do verso, a exemplo de 0.2 /Wax naqdár? (fa'ulún)[25] Numút warák (mafá'ilún), ya waxkí (fa'ulún)/.

Esse recurso, a meu ver, indica a autonomia da palavra (talvez devêssemos dizer: da idéia) como uma unidade de significado dentro do zejel, podendo ser plenamente entendida, mesmo quando o verso deixa de ser recitado com ênfase no acento para ser considerado tão somente o intervalo dos pés. Na recitação da poesia árabe clássica, é bastante comum que as palavras se juntem ou se repartam ocupando a medida do pé, mesmo que ao preço de não fazerem mais sentido para o ouvinte, a não ser pelo impacto sonoro produzido pela variação das medidas longas e breves. Com isso, a poesia erudita chega a impressionar inclusive o ignorante em árabe clássico, seduzindo-o pelo ouvido[26].

Na verdade, se compararmos a recorrência na combinação das fronteiras de palavras com o(s) pé(s) neste zejel com a combinação que ocor-

25. Sobre uma outra medida deste segmento, ver, *supra*, Notas ao Texto Árabe. Zejel n. 1.
26. Cf. Juan Vernet, 1968: 11.

re nos zejéis n. 10 e 80 – respectivamente 55%, 50% e 75%! para as combinações isoladas, e 40%, 50% e 55% para as que se dão em todos os pés de um verso –, veremos que este procedimento não é tão casual como se poderia pensar, mas tencionado: o zejel prioriza também o sentido; a sonoridade em si lhe é insuficiente.

Não obstante, podemos pensar as palavras dentro dos pés como uma unidade de marcação rítmica: aqui, vale o tempo de surgimento e duração das palavras; o significado delas é intermediado pelo intervalo da sua aparição dentro do verso. Como, de um pé a outro, esse intervalo pode variar de extensão, notamos que, na base dos significados, rege um outro ritmo: o da assimetria, da irregularidade; apesar do primeiro, o do revezamento previsível dos pés ao largo do verso e ao longo do poema, há um outro que assalta a marcação.

O ritmo acaba por se revelar mais complexo do que leva a crer a estrutura métrica do *ṭawīl*. Curiosamente, o zejel que foi escolhido pelo poeta para abrir o *Cancioneiro* adota o metro mais usual na literatura clássica, mas o segundo mais raro dentro do *Cancioneiro*, aparecendo só um par de vezes[27]. Como que aclamando a evolução estética do zejel com relação à *qaṣīda*, este zejel n. 1 quer-se definir como a profissão de fé do poeta zejeleiro e artista da vulgaridade: língua, ritmos, rimas, estrofes, idéias, assuntos, temas; tudo está numa conexão indissociável à espera de significação.

No Texto Português (TP), caso se queira ler o verso seguindo-se o intervalo de pés, por decalque à estrutura métrica do árabe-andaluz, observamos um percentual próximo aos 40% para a freqüencia de combinação isolada de palavra e pé, e um percentual aproximado de 30% (11/38 versos) para a combinação absoluta dos dois elementos dentro do verso, como o verso 0.2 que decalca este aspecto do seu par árabe /E posso? (∪ – ∪) Te amar, Waxki, (∪ – ∪ –) me mata (∪ – ∪)/. No caso de se visar à recitação, inclusive na forma do canto, uma distribui-

27. Ver Federico Corriente, 1980b: 78 e 1982-83: 43.

ção do som e do sentido dessa natureza sensibilizaria o ritmo ágil do *stacatto*, que me parece o mais adequado a esta composição.

No entanto, o critério do pé não é válido ao TP. Nossa percepção do ritmo é puramente acentual, razão por que se procure, no interior do verso, o icto primordial na inflexão do ritmo. O correspondente mais natural do *ṭawīl* acentuado é o eneassílabo com ritmo binário (– ◡ – ◡ – ◡ – ◡ –), que aparece em 55% dos versos, ou a combinação deste com o ternário (◡ – ◡◡ – ◡ – ◡ –), no restante deles. Nas duas configurações o icto principal pode estar domiciliado na 2ª ou 3ª sílaba, e/ou na 5ª e/ou na 7ª, como nestes versos:

1.1- /aMEI. Acertaram no boato/ na 2ª;
4.2- /junto ao MAL te PÔS delicadeza/ na 3ª e 5ª;
2.2- /conTEI: – "Por Fulano esTOU cativo"/ na 2ª e 7ª;
8.2- /é o TEU natuRAL – Não te retrata?/ na 2ª e 5ª;
2.1- /consulTEI alGUNS em QUEM confio/ na 3ª, 5ª e 7ª.

Neste caso, a coincidência no TP entre fronteira de palavras e icto é da ordem de 31% para a 5ª sílaba e 47% tanto para a 7ª como para a 2ª ou 3ª; caso se leve em conta a média geral dos ictos por todo o poema, o percentual fica em 42%. Em outras palavras, no TP, 48 das 114 posições do icto coincidem com uma palavra ou grupo de palavras não interrompidas, o que efetivamente valoriza o conteúdo dessas palavras junto à marcação do tempo forte, ao mesmo tempo em que a não regularidade desta coincidência atua no sentido de desestabilizar o compasso regular do ritmo binário ou ternário.

A conjugação do icto com a carga semântica da palavra, ou a conjugação dos tempos externo e interno do poema, rompe com aquilo que Henri Meschonic chama de a "arrogância do sentido"[28], a mesma enfim que a da "interpretação", já que esta pressupõe uma decifração ou uma

28. Cf. Henri Meschonic, 1990: 22.

construção geralmente do sentido e, poucas vezes, do som; de fato, como ainda lembra o autor, "o discurso é um escândalo [justamente] porque ele corrói a diferença entre o som e o sentido"[29].

Num estágio ainda anterior à localização "consciente" da estrutura sônica do TA, a tradução foi-se operando, passando por várias revisões, mas sempre tocada por um senso da sonoridade que ambos os textos, TA e TP, evidenciavam aos meus sentidos e mente (coração, diriam os orientais). Ainda que eu não pretendesse a interpretação sonora, lá estava o sentido das palavras, o "conteúdo", acondicionado à realidade do som. Não seria ingênua, da parte do tradutor, a pretensão de se dar uma tradução literal? A base dessa literalidade já não está comprometida com o discurso poético do texto original?

Nabkí... Abkí? Mata... Mata!

O TA afirma no prelúdio (0.1) que o amante quer [amar], mas, por temor ao enredamento, chora [NABKÍ, "eu choro"]; contudo, (0.2) o que pode fazer se ele morre de amor por Waxki [WAXKÍ]?

Na estrofe 1, o amante reproduz o seu diálogo com o amado: apesar de este avisá-lo de que, a partir de então, só lhe daria maltratos (1.3), o amante aceita de bom grado a condição imposta pelo amado, incitando-o (1.4): "Humilha! Maltrata!" [ANKÍ].

Na última estrofe, porém, o amante – agora um poeta sem igual (7.3), já que os demais relincham como cavalos (9.3) – dirige outro imperativo ao amante (9.1): "Lamenta o meu verbo perfeito" para depois, num tom de pergunta interjeitiva, dizer-lhe (9.4): "por acaso eu ficarei calado enquanto a outros se atiram moedas e a mim se diz "Chora"?" [ABKÍ].

Entre o primeiro e o último "choro" do poema, ocorrem algumas inversões marcantes:

29. *Idem*, p. 20.

1. o amante que chora, morre por amor e sofre os maltratos do amado vira um poeta exímio e superior;
2. o amado impiedoso, fortemente belo, doce e almiscarado passa a ser um alamim poderoso, um fiscal do comércio fraudulento de Córdova, um zelador da lei islâmica;
3. no decorrer do poema, o amante é descrito como um ser debilitado pelo amor; sua única chance de recuperação é o consentimento amoroso, mas tanto o amado terrível como o fiscal rigoroso, além de implacáveis, não se rebaixam; para se quebrar o impasse, o poema introduz uma terceira figura, a dos poetas menores e comerciantes fraudulentos;
4. esses são tomados como bode expiatório: sendo ele o maior poeta, não teria o direito de subjugar os menores, do mesmo modo como o poderoso amado e jurisconsulto do Islão, senhor de todo o senhoril, maneja, como bem entende, as leis da religião e do amor?

Por isso, quem "chora" no início do zejel já não quer chorar no final, uma vez que o poeta superior pode e deve impor o choro aos inferiores. A arquitetura do zejel é explícita. E esta arquitetura é sonora; é mais uma questão de rima. Os sons de nabkí... waxkí... ankí... abkí... marcam o começo e o fim da metáfora: o meio, o corpo cheio do zejel, é o seu referencial. Para ser sólida essa metáfora, não deve garantir, na coesão do texto, as marcas da coerência?

Um certo rigor – com a sílaba poética, a rima, a harmonia sonora, a dicção do discurso – entre o TA e o TP garante a condensação da linguagem. Como resultado evidente, a simetria: o mesmo número de sílabas, a mesma combinação de rimas, a aliteração anagramática, o cômputo geral das palavras. Este último, aliás, idêntico: 180 para cada texto, se descontados do TP os artigos, o "e" conetivo, as preposições mais comuns, os pronomes possessivos e pessoais oblíquos, que, no árabe, vêm acoplados ao nome ou verbo ao qual se referem, já que, precisamente neste aspecto, o árabe se revela mais sintético que o português.

No entanto, o Texto Português quer-se dobrar sobre si mesmo. O seu início quer-se ver no fim, e o meio aspira a referente dos extremos. Como traduzir o Texto Árabe senão trans*criando*, *re*criando?

No início do TP (0.1) o amante ama, mas teme o amor, "o que enreda e MATA"; nem mesmo pode amar: "e posso?", ele se pergunta (0.2) já que amar a Waxki o (ME) MATA.

Apesar do maltrato prometido pelo amado, ele insiste desafiadoramente: "Humilha! Me MALTRATA!".

No final do poema, o amante, já na qualidade de grande poeta, comparável somente ao verso que leva o seu nome (7.4), garante que o seu verbo, num simples verso de emenda (9.3), é capaz de esfumar aqueles usurpadores que relincham como cavalos (9.2), os poetastros que roubam a prenda (as moedas) que deveria ser dele, do mesmo modo como o alamim louvado chibateia pelas costas (8.4) os falseadores que se empertigam na postura e nas roupas (8.3), para simular a altivez que não têm. Não é por outra razão que ele pede ao alamim que o autorize a transferir a esses rivais a posição inferior do amante sofredor e morto por amor, que ele mesmo assumia antes; afinal, a ele, ao único poeta de valor, cabe desfrutar da posição elevada que ocupam o amado e o louvado na hierarquia concebida dentro dos contextos do amor literário: por isso, é justo que ele peça: "Manda: – 'MATA!'".

A arquitetura dos sons arrola estes conceitos: MATA, ME MATA, MALTRATA, MATA! Não há choro – como diríamos no Brasil: nem choro nem vela. Fora da rima, o choro não existe a não ser como sintoma de quem sofre o maltrato do amado, ou padece, até a morte, do subjugo amoroso. Dentro da rima, tanto o CHORO do Texto Árabe como O AMOR QUE MATA do Texto Português abrem e fecham um mesmo anunciado: a realidade não é unívoca, e a verdade é complexa, como o jogo da rima que trai o sentido absoluto da palavra, no mínimo por fazê-lo compartilhar da materialidade do som que, para a poesia, é a abstração mais alta e, paradoxalmente, uma trilha concreta para a tradução.

Erro?

O que difere os dois textos no nível do conteúdo – e representa o escândalo para muitos críticos de tradutores – não passa de um diálogo entre textos e sujeitos. De fato, o desvio existe: lá, o poeta se mostra rebelde, negando-se o choro passivo, enquanto os poetas menores ultrajam a verbo criador e perfeito com seus relinchos e, injustamente, recolhem as moedas atiradas, que deveriam parar no bolso dele; aqui, o poeta já nem admite a idéia de ficar calado: quem é condenado ao silêncio são os poetas menores que ele esfuma em um único verso. Lá, é admitida a superioridade do poeta, mas esta é declarada na forma da pergunta interjeitiva; aqui, é a autovanglória que se leva ao extremo. O que acontece? Diálogos! A tradução responde ao original, realiza-se numa outra possibilidade criativa do texto árabe. Ela pode, na medida em que, pela recriação, tenta surpreender o texto de partida. O choro do amante [nabkí], enfim, ter-se-ia dado por eleição da rima, mais precisamente, do anagrama debuxado por todas as rimas e no interior dos versos, para ecoar o nome de Waxki, o louvado, a quem se endereça, enfim, o panegírico. De modo análogo, o amor que mata também é produto da rima que se pretende parte de um anagrama maior, o maltrato. A tradução se pergunta se o maltrato do amor não pode, de fato, ser tomado como a metáfora do poeta dependente da avareza dos mecenas, cada vez mais raros estes, naqueles dias de decadência almorávida. Nisto, nesta interrelação do poema com o *Cancioneiro*, com o seu referencial histórico, reside a interpretação do tradutor, o seu território, de onde parte a sua mediação até o campo do outro; ou onde se sintetiza e se procura reproduzir o que se gerou no encontro de épocas e textos distintos.

Versos:

0. 1- Como exceção, preferi aqui um ritmo com ênfase no ternário (– ◡◡ – ◡◡ – ◡ –), dando prioridade ao conteúdo e à rima.

/amo/, para /niríd/ "quero". Este querer não é outra coisa senão amar, é a vontade de amar, isto é, desejar apaixonadamente, enfim, amar. Emilio García Gómez (1972: III, 355) chama a atenção ao fato de, no verso 4.3 do zejel n. 28, estarem justapostas duas frases (dois hemistíquios) com o mesmo significado, estando uma explicando a outra: /kúlli man yarák YIḫÍBBAK, kúlli man yarák YIRÍDAK/, literalmente "quem te vê te ama, quem te vê te quer/. "Querer" seria um decalque semântico do espanhol "querer" no sentido de amar.

/o que enreda/ para /nuxba/ "enredamento".

2- /E posso?/ = "e o que posso?" ou "e como posso?". Tradução literal[30] inadequada, porque resulta formal; preferi a forma enxuta mais próxima à dicção oral.

/te amar, waxki, me mata/ para /numút warák, ya waxkí/ literalmente "morro atrás de ti, Waxki", isto é, por te perseguir amando, por te amar. TE AMAR ME MATA, assim como o restante do prelúdio, está em evidente conjunção de som e sentido, a exemplo da nota, *infra*, ao verso 2.4.

No TA, o nome do louvado está fortemente anagramatizado no prelúdio: nirid *WA*li*k̲AW*f annu*x*ba nab*KI* / *WAX* na*Q*dar numut *WA*ra*K* ya *WAXKI*. No TP, o anagrama da idéia "o amor mata" se dá na seqüência de M-T-M / M-M-T-T-M / M-M-T: a*M*o e *T*e*M*o / a*M*or *M*a*T*a *T*e a*M*ar / *M*e *M*a*T*a, que pode sugerir várias combinações interessantes, como esta, por exemplo, que agrupa M-T-M (MaTa-Me) M (aMor) M-T-T-M (MalTraTa-Me) M (aMor) M-M-T (me mata), podendo ser potencialmente lida, caso se obedeçam estes intervalos do som, uma série de mensagens: "Mata-me, amor, maltrata! Amor, me mata!", "Matas-me, amor? Maltratas-me? Amor, mata!" etc..

30. "Tradução literal", aqui, no sentido de tradução por equivalência estritamente semântica. Para uma discussão dos vários sentidos deste conceito, ver Francis Henrik Aubert, 1987.

1. 1- /Acertaram no boato/, a preposição marca igualmente a oralidade. Este é um bom exemplo de como procurei, na sintaxe, reproduzir um tom entre coloquial e elevado, característico do zejel de Ibn Quzman, já que o idioma português do Brasil oferece infinitas possibilidades neste sentido. Na sintaxe do zejel, reside a ironia e a graça da expressão quzmaniana; há que pensar ainda que o maior acerto de Ibn Quzman é a sua habilidade em dispor do dialeto vulgar para exprimir a linguagem poética elevada; não esqueçamos que o zejel nunca perde de vista a *qaṣīda* clássica. García Gómez, 1972: I, 6-9 (GG, doravante) traduziu: "Verdad es lo que contaban"; Corriente, 1992: 186-187 (CR, doravante): "cierto es el rumor". /boato/ é bastante preciso dentro do contexto.

   2- /teu caso ME DEIXA ESTUPEFATO/, para literalmente "há em teu caso espanto". Está claro que o espanto é sentido pelo amado.

   3- /aviso/, bastante pertinente para o literal "TE COMEÇO a fazer maltrato".

   4- /topo o trato/ para "aceito o teu agrado". Ver capítulo "Waxkí, Liminha e o Trigo Novo", o item Equivalência.

2. 1- /Por Fulano ESTOU CATIVO/ equivalente do literal "Por Fulano estou morrendo"; antecipa o verso seguinte:

   2- /caíste na rede/ para /naxábt/ "foste enredado"; trata-se da rede do amor prenunciada no prelúdio. /caíste/ sugere o estado de passividade em que se encontra o amante, caído, preso na rede, ou seja, cativo do amor, cf. o verso precedente.

   /Pula, amigo/ para /ayyák, tik̲allíh/ literalmente "cuidado, deixa-o", isto é, desiste desse amado, ou pula fora desta rede; /amigo/ por coesão semântica ao verso 2.1. Sugestão de tradução tomada em GG: "¡Ya en la red estás! – decían – ¡Salte!".

   4- /Um louva bem; do outro os bens – oblata/, jogo sonoro de consoantes e vogais, por paralelismo; vogais: UM lOUva bEM / dU OUtrU Us bENs; consoantes: um Louva Bem / do ouTRo os

Bens / oBLaTa. Seqüencia de U-OU-EM / U-OU-U-EM e L-B-T / B / B-L-T.

Reconfiguração do árabe wAh̥Ád yAt̲ní k̲Air / wAk̲Ár yizAkkí, na seqüência de vogais A-Á-A-Í / AI / A-Á-I-A-Í e na seqüência de consoantes w-h̥-d-y-t̲-k̲-r / w-k̲-r-y-z-kk, com paralelismo entre os dois segmentos das semiconsoantes *w* e *y*: 1ª e 4ª posição, e duas seqüências de *k̲-r* (a*k̲ar*/*k̲air*) no meio dos dois segmentos; paralelismo com harmonização das consoantes *h̥* e *k̲*: 2ª posição, *t̲* e *z*: 5ª posição.

Pelo confronto do TP com o TA, obtêm-se estes paralelos significativos: U-OU-EM nos dois segmentos do TP são paralelos a *w* e *y* / *h̥* e *k̲* / *t̲* e *z* do TA; L-B-T / B / B-L-T, quase simétricos, do TP são paralelos aos, também quase simétricos A-Á-A-Í / AI / A-Á-I-A-Í do TA; a conjunção das seqüências *k̲-r* (consonantes) e AI (vogais) na palavra monossilábica *k̲*AI*r*, exatamente no centro do verso do TA, é paralela à conjunção da consoante B e da vogal EM no monossílabo BENS atingido por um dos ictos principais do verso no TP: /um louva bem, o outro os BENS oblata/. Sobre a relação do icto com a palavra no TP, ver, *supra*, Um ritmo que fala.

Vale mencionar que o TP confronta dois sentidos de uma mesma palavra: "bem", o advérbio que indica algo bom, correto e, portanto, elevado e louvável; e "bens", o substantivo sinonímico de dinheiro, posses materiais e, portanto, baixo e indigno de louvor; um se dá na forma singular, podendo-se inclusive ser escrito com letra maiúscula, enquanto o outro, plural, evidencia a idéia de quantidade, um bom sinônimo para o dinheiro. Ambos os sentidos estão contidos na oblata: o bem se faz com oferta de bens. A oblata piedosa, traduzida na forma pecuniária ou em oferta de bens, o tão conhecido dízimo, tem no Islão um significado especial: o *zakāt* [*yizakkí*, no TA, "ele paga o *zakāt*"] é um dos pilares da boa conduta muçulmana. No entanto, mesmo para os mais devotos, devia ser difícil cumprir esse dever; na época almorávida, principalmente nos seus últimos anos, a situação havia-se complicado bastante para os muçulmanos andaluzes, que se sentiam cada vez mais usurpados pelos africanos do Marrocos representados pelos alfaquis, cuja ganância parecia não ter limites (ver capítulo "A Poesia na Córdova Almorávida").

Eis um bom exemplo de como no TA e no TP o sentido e o som andam lado a lado, embutidos se necessário, ou à espreita um do outro.

3. 2- /feio/ para /yábis/ "seco", buscando o par de ditongos contidos em "ei" e "io", bastante adequado para o contexto semântico-sonoro da tontura (tonteio) no verso seguinte.

   3- /mal me sento em casa/ para /fah̥lá ma nurá fi báyti jális/ "pois, quando o melhor me parece eu ficar em casa sentado". Para este /fah̥lá ma/, ver capítulo "A Língua do Zejel de Ibn Quzman", o item III. 3.4. Outra vez, a graça da expressão se encontra na sintaxe.

   /tonteio e a parede vira uma almofada/ para /nimíd wanurá lalh̥áyt̥ muwakkí/ "e me parece [vejo que é] melhor que a parede seja um apoio". De novo, a sintaxe complexa do árabe vulgar e fortemente imagética.

4. 2 – 4- Torneio de "teu é este mal, tua é esta boquinha: não bastou que ela fosse um confeito docinho, tinha que, inclusive, empapá-la o almíscar?". Sintaxe bastante amarrada de verso a outro. O "p" explosivo na rima "apa" em "empapa" tem um efeito muito próximo ao do "t" em "ata"; infelizmente, não é o caso do "d" em "almofada" no 3.4 anterior, apesar do acerto semântico e etimológico no som do *almuk̲aDDa*".

5. 1- /Loiro, bom, gentil, postura altiva/ para /uxáyqar, h̥ulú, malíh̥, raqíq, xát̥/ "loirinho, doce, belo, delicado, alto". Uma série de adjetivos de uso problemático na nossa língua, pela conotação pueril, ou mesmo feminil, que eventualmente possam

sugerir. Sobre o diminutivo, ver comentários ao zejel n. 10. Para este /malíḫ/, preferi a forma bastante comum no contexto amoroso, a do homem gentil, elegante ou refinado, como deve ser o amado, isto é, o *malíḫ*.
2- /Mãos de/ é um acréscimo necessário para o bom entendimento da estrofe, já que para nós é completamente inusitado o tópico dos dedos ("Não haveria, neste, qualquer sugestão erótica", pergunta-se, enfim, um freudiano. Pode até ser). No TA está "dedos de nobre, príncipe e escriba; quem o vê (quem vê esse "malíḫ", o amado) fará como faz quem estira a massa de biscoito: maravilha-se, se os vê (aos dedos) um doceiro". Novamente a sintaxe difícil e marcante: é o "fácil-difícil" de que tanto se gaba Ibn Quzman na introdução do *Cancioneiro* (ver capítulo "A Língua do Zejel...", o item Definição). É um bom exemplo da peculiaridade da linguagem quzmaniana. Na tradução do 5.4, opto pela regência irregular (traço típico da oralidade brasileira) do verbo estupefazer ("estupefaça", por "se estupefaça"); escolho este termo pelo que sugere o seu uso raro no Brasil e um tanto pela conotação afetada, que eu localizo nesta passagem do TA e que me parece adequada ao tom levemente irônico do TP. Neste sentido, é bom não esquecer que esta estrofe 5 é a central; caso se faça uma leitura circular do poema (ver capítulo "O Zejel de Ibn Quzman", o item Uma Organização Velada), o núcleo do poema parece mesmo ser o panegírico, ou seja, a exaltação das qualidades do louvado: a ironia é que uma das partes mais relevantes do corpo, a mão que expressa a generosidade (tópico na lírica árabe clássica), é tomada por suas subpartes, os dedos belos e vigorosos, mas, ironicamente, porque feminis, tenros como a "massa de biscoito" estirada pelos "homens da cozinha" (para mim, uma gostosa referência ao rei Xazaman das *Mil e Uma Noites*, cuja humilhação maior, no episódio da traição da esposa, é o fato de ela ter-se deitado com

"um dos serviçais da cozinha"[31]). Um último agravante: esse biscoito é um *pičmáṭ*, como o quer a fala romance.

6. 3- /Senhor dos senhores/ para /mawl almiláḥ/ "senhor das beldades". Preferi a forma reiterativa arquiconhecida das línguas semíticas, como no hebraico "Cântico dos cânticos", "Rei dos reis". No zejel n. 7, verso 12.2, aparece a forma que traduz literalmente a minha fórmula: "mawlà lmawáli" (senhor dos senhores). /Almiláḥ/ são, especificamente, os senhores refinados.
   4- /Não te retrata?/ para /aw lak yaḥkí/ "ou não é de ti que se fala?".
7. 2- Rearranjo total de um verso bastante frouxo do TA, se traduzido ao pé da letra: "E estes homens não são dos meus homens:" A liberdade que tomei, contudo, antecipa a comparação que se faz destes homens no verso 9.2. Para os que relincham, o feno; para o poeta, o trigo, o mais importante cereal para aquela sociedade. Ver zejel n. 80, adiante.
   4- /O Zejel Quzman comigo empata/, verso que falta no manuscrito, mas não ao TP que recria. Ver tópico, *supra*, Sobre a Tradução, os itens Equivalência e Auto-Referência.
8. 3-4- /Mal alisa a roupa, apruma a nuca, o alamim lhe gruda uma chibata/ para "em quem tiver a nuca [ou toda a parte traseira do corpo, *qafáh*] alisada e escovada, o alamim responde mandando um golpe com ramo [crespo] de carvalho". Pus ênfase, como em outras vezes, à sintaxe e à pertinência dos sons. Quanto aos últimos, guiei-me neste caso pelas aliterações do TA: /LiMáN káN qafáh asbáṭ MuMaLLás/, /yurúddu LaMíN BaZZáZZi čirkí/. A paronomásia LIMÁN-N LAMÍN ocupa o início do primeiro verso e o meio do segundo, aparecendo equilibrada pela du-

31. Cf. minha tradução a partir de Muhsin Mahdi, 1984, na ocasião da minha participação no "Seminário Nacional: Das Muitas Faces de Eva – A Representação Feminina na Literatura". Porto Alegre, Secretaria Municipal da Cultura, 10 de junho de 1995.

plicação das consoantes /l/ e /m/, no fim do primeiro (*mumallás*). De modo análogo, no TP, ALAMI-L (o alamim lhe) do segundo verso redesenha o ALALI (mal alisa) no início do primeiro; UMANUCA (apruma a nuca), no final do primeiro verso, reincide em UDAUMA (gruda uma) no meio do segundo, contendo ainda este segmento, como reforço parelelístico, a colisão consonantal GR (gruda) que aparece no verso superior na forma PR (apruma). /Lhe gruda/, ao invés de "lhe manda" ou "lhe responde", contempla ao mesmo tempo a imagem e a expressão oral jocosa.

9. 1. /Me lamenta/, leia-se preferencialmente como imperativo dirigido a Waxki, numa construção hiperbatônica, como no TA.
3-4- A respeito destes versos, ver, *supra*, comentário: Nabkí... Abkí? Mata... Mata! e Erro?

N. 10 – Criação, isto é, Tradução

O zejel quis ir além da *muwaxxaḥa* em árabe clássico, que anexava ao fim do poema umas palavras ou frases romances chamadas *k̲arajāt*; ele trouxe o romance para dentro do texto. Neste, por exemplo, Ibn Quzman introduziu quatro romancismos em dois versos seqüenciais: "xilibáto", "ḫazíno", "tan" (duas vezes), "penáto", que no nosso português são, respectivamente, aloucado, triste, tão, penado. Mas o zejel de Ibn Quzman quis ir mais além; quis levar a poesia romance para o topo, até, literalmente, o *supra*-sumo da composição, o prelúdio.

Para isso, o poeta "tomou" da antiga poesia romance a idéia caritativa do diminutivo – tão explorado este nas *k̲arajāt* satíricas dos poetas andaluzes – e a transpôs para a rima comum deste zejel em AYMA. O procedimento, a meu ver, revela um propósito duplo de criação, cujos passos podem ter sido estes:

1. /Layma/, literalmente a fruta "lima" no árabe-andaluz, sugere a criação de /nujayma/ "estrelinha", uma fusão de {CvCCv} (consoante + vogal + 2 consoantes + vogal – /NaJMa/) com o morfema de inflexão {u-ay-a}, que deu {CuCayCa} (consoante + vogal "u" + consoante + vogal "a" e semiconsoante "y" + consoante + vogal "a" – /NuJayMa/), uma das formas conhecidas do árabe-andaluz para o diminutivo de raízes triconsonânticas[32]. Em resumo, /layma/ que contém AYMA = "najma" com AYMA evoluída na forma /nujayma/.

2. *Layma*, porém, é um nome próprio que, como é de se supor a partir do contexto no poema, devia ser comum entre as camadas populares, talvez o nome de uma escrava cristã ou mesmo convertida; de qualquer modo, o que desperta a rima é um nome de mulher "vindo das camadas baixas" e colocado numa parte proeminente do prelúdio: a rima. Isto implica reconhecer que o diminutivo árabe-andaluz quer afinar-se aos usos da língua pelo vulgo: o poeta árabe, que, na capa do manuscrito, leva o título nobre de *ax-Xayḵ al -Wazīr al -ajall* "Mestre e Excelso Vizir", cria um poema que imita ou bem a língua original dos moçárabes cristãos, ou bem a linguagem que se ouve nas canções destes, fortemente marcada pelo diminutivo[33], ao contrário do que se dá na poesia árabe clássica escrita até o século XII[34].

3. No entanto, o zejel de Ibn Quzman quer imitar a *qaṣīda* clássica, suplantando, inclusive, a *muwaxxaḥa* mista[35], razão por que, podemos pensar que o par Layma-rima AYMA guarda um propósito de transposição (nos termos jakobsonianos) em vários níveis: o poeta traduz, para o dialeto árabe, dentro das possibilidades estruturais deste idioma, o valor (a função poética) que o diminutivo assume na poesia romance. Para isso, ele explora de modo intencional os efeitos causados

32. Ver capítulo "A Língua do Zejel de Ibn Quzman", o item Gramática. II. 1.2.1.
33. Cf. Ramón Menéndez Pidal, 1956: 124-125.
34. Cf. J. A. Abu-Haidar, 1989: 242. Ver capítulo "O Som e o Sentido", o item A Lima e a Estrela: Zejel n. 10.
35. Ver capítulo "A Poesia na Córdova Almorávida", o item A *Muwaxxaḥa*.

pela justaposição de /la layma – nujayma/ "não lima, sim estrelinha", revelando uma alta consciência metalingüística: ao mesmo tempo em que ele cria um texto original, o poeta transpõe recriando, subliminarmente, um subtexto maior.

No mínimo por estas razões, Ibn Quzman pode ser entendido como um tradutor de confluências: os seus textos, alguns mais, outros menos, sintetizam linguagens e discursos múltiplos, mas unificados na forma do zejel. Este n. 10, considerado por García Gómez a peça mais importante do Cancioneiro de Ibn Quzman e uma pequena obra-prima da Idade Média, pode ser um bom exemplo disso.

Versos:

Metro: O ritmo *ramal* deste zejel é, ao contrário do *ṭawīl,* bastante freqüente no Cancioneiro. Fá'ilátún fá'ilátún – ∪ – – – ∪ – – é bastante flexível; aceita acentos na 1ª, 3ª, 4ª, 5ª, 7ª ou 8ª. O seu paralelo natural é o nosso tão familiar heptassílabo grave ou octassílabo agudo, que eu harmonizei em heptassílabos graves e agudos, fazendo coincidir o número de sílabas do verso árabe (8) com a contagem silábica na nossa poesia; no entanto, mantenho a alternância do verso grave nas "mudanças" (o tríptico – ver capítulo "A Poesia...", o item O Zejel Árabe-Andaluz) e do verso agudo na "volta" (ver, *idem*), deixando bastante flexível a incidênia dos ictos. Impus ao TP um ritmo bastante maleável – acentos na 1ª e/ou 2ª e/ou 3ª e/ou 4ª e/ou 5ª e/ou 7ª – e, com a ajuda da sintaxe fluida, procurei, tanto quanto pude, atenuar o compasso regular. De um modo geral, quase todas as sílabas são marcadas equilibradamente: teá moá gó rés és trél lím não limím / ehá quém máis á meá tál pónto / seá moé pór tí queándo mórto, ém quém díz nãooé assím, át té quán doás símme trátas.

0. /Te amo agora és Estrelim! Não Limim!/. Na tradução deste poema, de uma forma mais contundente do que a adotada na tradução dos demais, visei a matéria primordial do poema: a lin-

guagem criadora. Mas a linguagem no zejel n. 10 é o seu próprio objeto. Não há um referencial senão a materialidade, o som de um nome que vira o motivo de confluência de vários discursos: traduzir este texto teria sido retomar a recriação iniciada por Ibn Quzman. Traduzir, desta vez, foi antes de tudo criar. A "deixa" para a criação de Ibn Quzman foi o nome da escrava; a minha foi a negação deliberada do diminutivo português "inha" ou "inho" – geralmente usado numa conotação infantil ou banalizante na linguagem cotidiana – carente do impacto que eu desejaria que ele tivesse neste poema. A negação, porém, decalcou um procedimento caro ao TA: para este, não é Layma o nome que deva ter uma rainha, mas Nujayma, do mesmo modo como, para o TP, a amada não é EstrelINHA, mas EstrelIM. Porém, o IM em si não nega o nome da amada, pois este parece estar dito na mesma forma como em Estrelim; veja-se: "Não LimIM!". Apesar disso, Limim quer-se diferenciar de Estrelim, razão por que o verso 1.1 começa com um "E há", que completa o nome da Liminha, a escrava que virou estrela. Por esta razão, leia-se: "Não LimIM... E HÁ...", ou seja, "agora és Estrelim! Não LimINHA!

1. 1-4 – /E há quem mais ame a tal ponto?/, isto é, "há quem crie tanto e tão ousadamente quanto eu? Por isso repito – ou melhor, recrio: 2- /Se amo, é por ti que ando morto/ 3-/Se eu pudesse, punha um ponto/ "nesta estrofe" 4- /e não rimava [ou seja, não criava mais] a cançãozim". Tradução quase literal. Nestes versos do TP, tal qual se dá no TA, o poeta parece refletir sobre a criação e a recriação: ambas as coisas estão imbricadas na metáfora do amor; como aquele que não deixa de amar, o poeta não deixa de criar. Como diria García Gómez (1980: 110), comentando um outro zejel de Ibn Quzman, "¿Hay quién dé más en la Edad Media?".

2. 1-2 – /Adoidado! ALOCADO!/ /TAN tristINO! TAN penado!/. Criação é tradução! Ibn Quzman dispõe, lado a lado, um termo ára-

be e seu equivalente romance (o que está aqui destacado corresponde aos romancismos): /adoidado/ para /muṭárnan/ que é a tradução exata do romance espanhol /xilibáṭo/, isto é, "alocado", "chiflado"; /tan tristino/ para o árabe /ḥazín/ "triste" e sua terminação romance em /o/ (ver capítulo "A Língua do Zejel", o item Gramática. IV. 2.); /tan penado/ é o equivalente dado por Ibn Quzman para o árabe /ḥazín/.

O TP rearranja os romancismos, quiçá moçarabismos, de modo que produzam algum estranhamanto: mantive um conforme dado na transliteração (tan); outro eu traduzi para o espanhol moderno (alocado); harmonizei o /ṭ/, interdental enfática, num /d/, interdental sonora, em /penado/, sugerindo uma forma tanto espanhola como portuguesa; e passei a forma árabe-romance/moçárabe /ḥazínO/ para uma forma árabe-brasileira, reproduzindo a fala dos imigrantes árabes no Brasil: /tristINO/, isto é, triste + inho, "tristinho", um diminutivo que, aqui, vem a calhar.

4- /dele provo só um pouquinho/, mais no sentido de degustar, provar o gosto. Curiosa e interessante maneira (antropofágica?) de saborear o prazer dos dias! O prazer do amor é sentido no paladar. Esta metáfora me inspirou a tradução do prelúdio do zejel n. 80.

3. 2- /Tem alguém que ainda agüente?/ para /lis niṭíq minnú 'ala k̲tár/ "não agüento mais isso" ou "não agüento mais nada dele [do/a amado/a]".

3-4- /Se eu falei Mesquita ontem por que esperas no Moim?/, para /id̲ niríd masjíd alak̲ḍár, támḍi 'ád bír annuxayma?/ "quando eu quero a Mesquita Verde, tu justo vais ao Poço do Alaminho?". Tanto a Mesquita Verde como o Poço do Alaminho são lugares não reconhecidos da Córdova medieval, mas que seguramente distavam um do outro, devido ao que sugere o contexto. Omiti esses lugares, citando outros: a Mesquita simplesmente, o Moinho; neste caso exploro o contraste do tipo de atividades que esses lugares supõem, o que me parece poder marcar o insólito do desencontro pela burla da amada.

4. 1- /És o ENCANTO em toda FESTA/: /encanto/, para /zayn/ "adorno, beleza"; /festa/ para /maḫáfil/ "reuniões".

   2- /e, antes disso/, para /na'am/ "mas, apesar de", cf. Corriente, 1993: 150.

   3-4- /Falta um pé?/ para /juḏayma/ "leprosinha"; da raiz JḏM saem os significados de "cortar" (jazama), "parte" (jizma), ou "botas", "sapatos" (jizam). /Quanta moeda vira jóia ao teu pezim!/, para /ay ḫujayrát 'an maṯáqil/ "quantas pedras preciosas seriam como moedas!", interpretação, em todo caso, um tanto conjetural de um verso árabe que permanece com sentido duvidoso. Ver Corriente, 1980b: 81-83, 1984: 316 e 1993: 105 (verbete *'an*). GG traduziu: "¡No mizcales, sí chinitas, de volverte leprosilla!". CR traduziu: "¡Algorfas tendrías de meticales si te hiciera Dios lisiada!". Minha tradução explora a sintaxe complexa (neste caso, lacônica) e a expressão dramatizada, como sempre, muito afins ao zejel quzmaniano.

5. 1- /Quem te ama se apaixona/, para /kúlli 'áxik fík hu mawlú'/ . Há uma outra interpretação deste verso, bastante plausível: "todo amante está por ti apaixonado", mas que pressupõe uma inversão sintática um tanto inoportuna neste zejel, cuja linguagem, bastante fluida, traz registros de médios a baixos da língua. Prefiro a leitura direta, conforme a seguinte confrontação semântico-estrutural: "quem é amante de ti [kúlli 'áxik fík] (ele) está [hu] apaixonado [mawlú']".

   2-4- /Reúnes a Babilônia. Maravilhas vêm à tona só com uma palavrim/, para "a magia de Babel está em ti reunida (Babel é o tópico do encantamento na poesia árabe), toda maravilha de ti se escuta, assim que digas uma palavrinha".

6. 1- Rearranjo dos versos do TA: "Pois como as maçãs [são] os dois peitinhos, como a farinha de confeito as duas bochechinhas, como

as pequenas pérolas os dentinhos e como o açúcar a boquinha". O terrível problema dos diminutivos na língua portuguesa, ei-lo.

7. /"Sem jejum! VAMOS À VIDA!"/, para "se proibisses as pessoas do jejum e dissesses: – Pequem, ó gente!". /Vamos/, a partir de /ya qáwm/ "ó gente". O TA estabelece relações entre a quebra do jejum e o pecado; o TP estebelece relações entre a quebra de jejum e a vida não-religiosa. Novamente, o TP "responde" ou complementa o TA, isto é, radicaliza o que ele insinua, lendo as entrelinhas (ver comentários ao zejel n. 1, item "Erro?").
8. 2- /Tu raim/, com redução, para /wanta mawlá muwallá/ "tu senhor soberano". Neste poema, pareceu-me preferível marcar o gênero do *mawlá*, senhor (principalmente pela rima natural em raINHA), não obstante a pertinência da forma masculina que conhece paralelos na "senhor" e na "midons" da lírica trovadoresca. 4- /Um cascudo e um tapim/, para /narmí fi 'únqu luṭayma/ "atiro no seu pescoço um cascudinho".
9. 3-4- /Em casa largada às traças, faça Deus, de ti e de mim, um feixim/, para "Faça Deus de ti e de mim, numa casa vazia, um feixinho". Não resisti a este apêndice no último verso, do mesmo modo como Ibn Quzman fez no prelúdio. Com isso, o TP adquire uma simetria perfeita entre o início, o meio e o fim.

N. 80 – Materialidade

O texto deste zejel é um dos mais coesos do *Cancioneiro*. A marca gramatical da 2ª pessoa aparece do primeiro ao último verso desta *risála*, carta (entre aspas), dirigida ao "tu, trigo novo". O remetente da carta é o amado do destinatário. O assunto é um pedido: que o amante venha até o amado. Por onde ele anda? Certamente por outros caminhos. O amante elegera outro para ser o amado e a ele se dedica: dá-lhe o amido e fica junto dele cuidando em agradá-lo. Este terceiro, quem está impedindo ou retardando a chegada do amante, é um amado ingrato – como sempre, o amado é um ingrato –; ele é, muito provavelmente, o alfaqui – já que não se pode nomeá-lo desta maneira, sem que se sofra uma punição severa: em dois zejéis, Ibn Quzman diz que foi preso por apostasia. É o alfaqui quem impede a vinda do trigo-amante. Todo ano ele regula e fiscaliza o recolhimento do *zakāt*, contribuição anual que todo muçulmano deve dar para garantir a existência dos mais pobres; porém, ultimamente, o alfaqui tem aumentado as exigências. As guerras cada vez mais freqüentes com os cristãos ao norte da Andaluzia eram um bom pretexto para a ganância destes muçulmanos compactuados com o governo central de Marraqueche. A situação era difícil aos cordoveses, e, aos poetas, devia ser um tanto pior: as cortes setoriais de antigamente, cultas e refinadas, que disputavam os bons poetas, pagando-os com ouro pelos seus serviços – encantos e divertimentos literários –, essas cortes viraram ramos administrativos, preocupados em arrecadar os bens dos andaluzes e exportá-los até a Africa.

Não há ninguém mais, além do trigo, o poeta e o alfaqui. Um poema simples, mas extremamente bem tramado; cada verso em perfeita conexão com o anterior e o sucessivo e, ao mesmo tempo, o primeiro relacionado ao último, o segundo ao penúltimo, o terceiro ao antepenúltimo, até que se chegue ao centro, a estrofe 3 e, uma vez nesta, ao seu sumo, o verso 4 que leva a rima comum: /mamláh̥k iḏ taqáf ‘ala qad̥íbak/ que, repartido dentro dos pés, conjumina em exatidão palavras e pés métricos: /mamláh̥k iḏ/, /taqáf/, /‘alá/, /qad̥íbak/, reproduzindo o metro *mataqārib* (*manhūk muk̲alla‘*): ◡ – – ◡ – ◡ – ◡ – –, com acentos na 2ª ou 3ª, 5ª, 7ª e 9ª.

Este zejel também mostra uma homogeneidade sônica como que religiosa. O poema aspira a “canção de uma nota só”: tudo, todos os versos, termina em /k/. Este é o único poema em que o poeta, sempre o amante incansável a serviço do amor e do louvor, declara-se o amado. Porém, no verso central do poema, o 3.4 (para mim, um dos mais belos e sedutores do Cancioneiro), aquele que se diz o amado não resiste à sua identidade primeva e panegiriza o trigo, mnemonicamente, fazendo uma ode à própria matéria sonora da linguagem, com uma seqüência de duas unidades CvC (consoante + vogal + consoante muda) m*AM* l*ÁḤ̥* que reproduzem o caráter de mudez das últimas consoantes de /qamḥ̥/, a *m* bilabial nasal e a *ḥ̥* faringal surda. O verso não pára aí: sucedem-se, na seqüência, outras duas unidades CvC k*IḎ* taq*ÁF*, a primeira introduzindo a consoante interdental alveolar sonora *ḏ* e a consoante labial surda *f*. A unidade intermediária *kiḏ* impõe uma reverberação e uma sustentação do som até o encontro com o som da próxima unidade em /ta*qáf*/ que quer dizer exatamente "paras", "te sustentas em pé", como essas consoantes que se sustentam por si mesmas, dispensando a vogal.

O poeta talvez queira dizer, através de mais este encontro do som com o sentido, que o trigo novo, belo e vigoroso – como se diz: na flor da idade – não deve manter-se atado ao ingrato, no caso, o alfaqui. Ora, mas este que recebe o panegírico só desta vez é o amante. Não estaríamos, pois, diante de uma burla? Se pensarmos o poeta assumindo a sua posição tradicional, teríamos de admitir que este panegírico se volta a ele, cujo verso belo e vigoroso se compara ao trigo novo sustentado sobre o talo forte. Assim como o trigo, o poeta também não deve submeter-se ao poderoso alfaqui, cedendo às suas exigências anuais: o trigo pertence só a ele; não há concessões: "a ninguém te dou, nem emprestado."

Matéria Trigal

No zejel da Liminha, o poeta reclama que de um dia tão longo só pôde provar um pouquinho. /Nuḏúq/ "provar" pela boca é a maneira de sentir o prazer dos dias. Não há prazer se não há amor. Por esta razão, um dos sintomas mais radicais do amante não atendido por seu amado é o corpo derretido até os ossos. A lógica é esta: deixando-se de amar, deixa-se de comer; deixando-se de comer, deixa-se de ter prazer. No zejel n. 1, vimos o amante definhar até ficar envelhecido e seco, como os escombros. A magreza foi um tópico recorrente em toda a poesia árabe inspirada no chamado "amor cortês", isto é, o amor melancólico que povoou a superestrutura do pensamento árabe medieval[36].

Como vimos em capítulo anterior, Ibn Quzman não parece muito dado ao amor melancólico: destroça dele e, quando o toma, é por uma mera convenção, sujeita, em todo caso, à burla[37]. A preocupação do zejeleiro é garantir o pão e o conforto. Para ele, nada como a mesa farta, a casa mobiliada e uma bela vestimenta. Desse modo, para combater a magreza do amante, nada como somar ao amor e ao louvor do zejel um pedido: quanto mais especificado melhor – dinheiro, roupa, terras, móveis, turbante... ou pão.

O zejel ao trigo novo trata, antes de tudo, a materialidade. Para garantir o sustento do amor e da vida (0.2 "Prazer em viver, só se ao teu lado"), trata o trigo como um amante (0.1 "Trigo novo, sou eu teu amado"): que o nutra, pois, com o "amido" e o "agrado", diz a primeira estrofe. O referencial da metáfora do amor, o trigo, é ao mesmo tempo o bem mais precioso da Andaluzia agrária, razão por que o poeta compara esse amor aos bens recolhidos e carregados sobre o lombo de uma mula: de uma vez por todas, o *zakāt* tem de ir até o mais pobre dos seres, o amante extenuado que há dias espera, vendo sucederem-se o sol e a lua, enquanto o trigo brota, cresce, medra e é ingerido por outras bocas na distância.

Desta vez, o prazer está associado à ingestão. Ao longo de todo o poema, Ibn Quzman fez brotar o trigo, germinar, crescer e granar; mastigou, estrofe a estrofe, a metáfora: 38 /t/, 24 /r/ e 15 /g/, mais o apoio de /d/ e /k/ (*c*asa). E, no último verso, deixou avisado: "só descanso, trigo, se te trago" para junto de mim, entenda-se, se te mastigo o corpo.

36. Cf. Ramón Mujica Pinilla, 1990. Ver nota 53 do capítulo "A Poesia...".
37. Ver capítulo "O Zejel...", o item A Burla contra o Amor.

Versos

0. 2- /só se ao teu lado/ para /las... h̥attá nis̥íbak/ "não... até que te encontre".

1. 3- /teu amido/ para /daqíqak/ "tua farinha".

   4- /está contigo/ para /yanzál 'aláyk/ literalmente "pára em cima de ti" (Corriente, 1993: 147); prefiro a acepção mais comum de "hospeda-se em ti".

   /teu agrado/ para /t̥íbak/ "tua bondade".

2. 1- /Minha casa conta como tua. Aqui, ao meu lado, é minha e tua/, conforme as repetições pleonásticas do TA: "Minha casa [darí] somente conta como tua. Na minha casa [báyti... que podia ser ultralido aqui como "meu verso" ou "minha estrofe", já que "bayt" também quer dizer isso] esteja, e eu ao teu lado".

   /é sol, é lua/, acréscimos cabíveis a partir do contexto: o TO pode estar-se referindo ao tempo da espera e ao tempo do crescimento do trigo, conforme a estrofe seguinte.

   4- /Deus cobra o tardo/ para literalmente "Deus é quem te pede conta".

3. 1- /enfolhas todo o chão/ para /ayyám duk̲úlak/ "os dias de tua entrada", no sentido de saírem as primeiras folhas.

   2- /e cresces no alto mais que Adão/ para "ultrapassa a altura humana o teu comprimento".

   3- /na ponta espiga, palha e grãos/ para "e tu apareces [tulúh̥] entre as espigas". O mérito maior deste verso do TA está nesses /talúh̥/ e /bayn/ cuja estrutura morfêmico-fonológica antecipa a configuração sônica do próximo verso. No entanto, GG traduziu o verso seguindo uma interpretação mais ao pé da letra que me parece interessante: "reluciendo así de entre la espiga", entendendo /tulúh̥/ na acepção de "reluzir", o que de fato é possível, e /ma báyn/ no sentido mais usual no árabe clássico, isto é, "o que há entre", daí o seu "así de entre". Este é o único verso do TP em que não se observa a marca de segunda pessoa gramatical do discurso; omiti visando destacar uma terceira acepção destes termos: "deixas à vista o que há entre as tuas espigas". /Na ponta/ dá continuidade ao tropo da altura iniciado no verso anterior.

4- /Lindo o porte que ergues sobre o talo/, conforme comentário acima, em busca de algo que configure as consoantes "trigais" e/ou "*qamḫais*". Para as últimas, vale a leitura das consoantes silentes em liN-do-poR-te-queR-gueS-soB-reo-ta-lo; quanto às trigais "GRanulares", vale a evidente aliteração do verso, bem como a da estrofe: CResces, espiGA, GRãos, poRTe, eRGues, soBRe e sua contraparte, a altura do trigo, pinçada com a consoante "l": enfoLhas, aLto, paLha, Lindo, taLo, além da ressonante "p" em PORTe (na 3ª sílaba) que retoma e conclui a marcação em PONTa (na 2ª), esPiga (na 5ª) e Palha (na 7ª).

4. 1- /recado/ para /rrisála/ "carta".

3- /te recebo igual e de bom grado/ para "comigo ['índi tukún: na minha casa, como o francês "chez moi"] estarás na mesmíssima majestade [que a dos bens vindos em lomba de mula].

5. 1- /POR UM tempo eu clamo: POR teu tempo/ visando o paralelismo em "nenhum tempo eu clamo [*jítu* (ver nota à transliteração) faço vir à memória] a não ser o teu tempo".

2- /Me aponta o lugar do teu contento/ para /awríni 'alk̲áyr 'inda makának/ "aponta-me o bem desde o teu lugar", no sentido de "o que tens de bom". GG alterou a forma do manuscrito; CR traduziu: "hazme ver el bien en tu lugar". Eu leio "Aponta-me o [teu] bem daí de onde estás".

3- /Que o tio alfaqui não chegue a tempo/ para "ou meu tio alfaqui passa [aí] por tua causa"; o "tio" usurpador: seguramente por ironia, já que todo o poema "conspira" contra o alfaqui.

4- /te trago/ (trazer e tragar) tradução literal para /nijíbak/, numa feliz coincidência do nosso idioma com a mensagem subliminar do TA, conforme comentário acima (Matéria Trigal).

A Língua do Zejel de Ibn Quzman

ORIGEM

Em alguns determinados aspectos, a língua do zejel de Ibn Quzman lembra outros dialetos árabes ocidentais da Idade Média, como o egípcio e o siciliano, ao mesmo tempo em que apresenta aspectos comuns ao árabe clássico e o romance ibérico[1].

Porém, o dialeto árabe-andaluz possui um estatuto e um histórico próprios: não consiste, precisamente, num árabe clássico distorcido pelos *muwalladūna*, os novos conversos do Islão, e tampouco tem como parâmetro único o romance peninsular falado nos tempos da conquista islâmica; consiste numa forma de neo-árabe, que remonta a alguns dos dialetos usados na Síria e no Iraque até o século VIII, conhecidos genericamente por árabe *nabaṭ̥ī* [2].

1. Para designar as línguas neolatinas, nativas da Península Ibérica no período compreendido entre a conquista islâmica e a reconquista terminada pelos Reis Católicos, emprego "romance" ao invés de "românico".
2. Cf. Corriente, 1992: 25, nota 5: *Nabaṭ̥ī* era como os beduínos da Península Arábica se referiam ao conjunto de falares árabes mistos.

Num livro de Federico Corriente, intitulado *Árabe andalusí y lenguas romances* (Madrid, 1992), o árabe *nabaṭī* vem definido como um dialeto do tipo "misto", porque os seus falantes, sírios e iraquianos mais ou menos sedentarizados, "tinham bastante contato com arameus e persas e eram muitas vezes bilíngües"[3]. Como este dialeto consistia em estágio ulterior de um "árabe antigo"[4] (comum, inclusive, aos dialetos que dão origem ao árabe clássico), ele também pode ser chamado de neo-árabe[5].

A diferença, justamente, entre o andaluz – uma forma de neo-árabe – e o árabe clássico é que este remonta aos dialetos *Najd* e do *Ḥijāz*, do tipo "puro". Na época do surgimento do Islão (séc. VII), estes eram usados no centro e norte da Península Arábica, mas é certo que, pelo menos a partir do século V, devido a uma necessidade crescente de troca comercial e cultural entre as tribos árabes – troca essa que se supõe intensa pelo volume e o refinamento que alcançou a poesia pré-islâmica, assim como, posteriormente, pela rápida ação do Alcorão – começa a se formar uma língua padrão, de uso geral, que depois será adotada como o árabe clássico, língua da religião, a erudição e as relações burocráticas do Islão medieval[6].

No entanto, os tipos "puros" e "mistos" não puderam existir isoladamente, sem uma interferência mútua, o que justifica, em ambos, a pre-

3. *Idem*.
4. Não se encontra vulgarizada nenhuma obra descritiva do árabe antigo e, segundo Federico Corriente (1992), tampouco existem estudos suficientemente completos neste sentido. De minha parte e dado que apenas resenho as obras dialetológicas de Corriente, limito-me a citar as observações do eminente professor, que por virem de nome tão respeitado dispensam, nas atuais condições deste estudo, a consulta às fontes originais: edições de textos em árabe antigo, revistas especializadas e livros de difícil acesso.
5. Todas as formas de neo-árabe existentes atualmente originam-se, por sua vez, dos dialetos árabes antigos, antes que do árabe clássico. Cf. Ramaḍān 'Abd at-Tawwāb, 1980: 73.
6. Para uma descrição, em língua árabe, da situação lingüística dos tempos próximos ao surgimento do Islão, ver Ramaḍān 'Abdat-Tawwāb (Cairo, 1980: 69-75) e Ṣubḥī Aṣ-Ṣāliḥ (Beirute, 1994: 109-140).

sença de um léxico sul-arábico, iemenita, persa, aramaico, hebraico, grego e latino[7].

De modo análogo, remontando a registros de árabe antigo, o árabe clássico e o neo-árabe demonstram uma tendência (*drift*), comum e interna da língua, de a morfossintaxe evoluir desde um tipo sintético até um tipo mais analítico.

No caso específico do dialeto andaluz, essa tendência será ainda reforçada pela assimilação, em todos os níveis gramaticais, de determinados aspectos das línguas romances faladas na Península Ibérica (ver adiante).

A interferência, no neo-árabe, do romance e do clássico, entrado via as relações formais[8], virá a caracterizar o que se conhece hoje como dialeto árabe-andaluz e particularizá-lo frente às demais formas conhecidas de neo-árabe.

IMPLANTAÇÃO

No século VIII, os árabes da Síria, como os do resto do mundo islâmico, usavam as duas formas de árabe mencionadas: o *clássico* nas relações burocráticas, eruditas e religiosas e o *neo-árabe*, vulgar, nas relações espontâneas, de modo que já se caracterizava entre os arabófonos a situação de "diglosia"[9], vivida ainda hoje no mundo árabe, na qual o falante emprega o idioma nos seus registros alto e baixo – ou puro e mesclado – com a possibilidade inclusive de se formar um registro médio, conforme forem as exigências da comunicação. Não era outra a situação lingüística dos árabes que chegaram na Península Ibérica.

Espargido nas diferentes regiões da Andaluzia, através de um conjunto de dialetos afins, o neo-árabe foi sendo introduzido no cotidiano

7. Cf. Corriente, 1992.
8. Ver capítulo "A Poesia na Córdova Almorávida", o item A População.
9. Cf. Emilio García Gómez. "Prólogo", Madrid, 1976: xiii. In Federico Corriente, 1977.

romance pelos contingentes árabes de etnia predominantemente síria, até que no século X se caracteriza o núcleo daquilo que viria a ser o "feixe" dialetal árabe-andaluz[10], padronizado nas suas características gerais e usado nos meios urbanos[11] da Andaluzia até o século XVII, quando são expulsos os mudéjares, últimos muçulmanos que ainda viviam em solo cristão[12].

Por outro lado, e ainda que introduzido de maneira sistemática somente no século X com a formação do Califado de Córdova[13], o árabe clássico vai contribuir subrepticiamente para a solidificação do dialeto andaluz entre as populações. Como é de se supor, o clássico vai generalizando o prestígio do idioma árabe como a língua da integração à sociedade islâmica, sem deixar de, com isso, imprimir algumas marcas no novo dialeto, pelo menos no seu registro elevado[14].

É, portanto, do cruzamento do neo-árabe de uma minoria[15] com o romance da população nativa, isto é, da substituição gradativa deste por aquele, é que surge o árabe-andaluz – resultante do impacto substrático do romance sobre o neo-árabe, durante principalmente os primeiros anos da islamização, quando se criou e se manteve até o século XI uma situação de bilingüismo árabe-romance.

No século XII, porém, no tempo vivido por Ibn Quzman, o bilingüismo está quase extinto e o árabe-andaluz, firmemente enraizado en-

10. Corriente, 1977.
11. Até a época de Ibn Quzman, não se têm informações suficientes sobre os dialetos rurais. A situação muda para os casos específicos e tardios do Levante e de Granada. Ver capítulo "A Poesia na Córdova Almorávida", o item A População.
12. Corriente (1977: 1-2, 1992: 33). A expulsão dos últimos *moriscos* mudejares se deveu a Felipe III, em 1609.
13. Cf. James T. Monroe, 1974: 4.
14. Cf. Corriente, 1992: 34. No século XII, decai o prestígio do árabe clássico. O motivo, o mesmo talvez que tenha elevado o prestígio do vulgar como língua literária, pode ser atribuído ao conhecimento irregular do árabe pelos almorávidas norte-africanos.
15. Para a quantidade de árabes colonizadores, ver capítulo "A Poesia na Córdova Almorávida", o item A População.

tre as populações andaluzas, a ponto de o poeta tomar as palavras e expressões romances numa alusão claramente folclorizante[16].

DEFINIÇÃO

Ainda que se aproxime muito do árabe falado pelos cordoveses do século XII, a língua vulgar do zejel de Ibn Quzman não consiste num árabe popular; apresenta, isto sim, fortes indícios de ser uma língua convencional, adaptada aos propósitos literários, podendo ter alguns registros altos, indicativos de um propósito de imitação do estilo erudito, ou registros baixos, caso o objetivo tenha sido o de produzir algum efeito popularizante[17].

Se a poesia de Ibn Quzman foi compreendida por toda a Andaluzia, até muito depois da morte do seu autor, foi graças principalmente ao gênio de Ibn Quzman, que estabeleceu não só os critérios estéticos do zejel, como também os lingüísticos. Na sua brevíssima *ars poetica* ensaiada na introdução ao *Cancioneiro*, o poeta define as carcaterísticas de língua e linguagem que se devem adotar, das quais ele próprio, o maior zejeleiro de todos os tempos[18], se valeu para compor sua poesia:

16. Ver James T. Monroe (1985-86, 1988). É possível que Ibn Quzman tenha tido algum conhecimento do romance, mas não a ponto de o poeta adotá-lo como segunda língua. As citações romances na sua poesia são mais vestígios de um bilingüismo decadente ou reprodução de expressões colhidas dentre algum meio moçárabe mais conservador, já que no século XII o bilingüismo não está completamente extinto. Nos domínios muçulmanos do século XIII, fala-se exclusivamente o árabe. Com a expansão da Reconquista, ocorre já o inverso nos territórios recristianizados, com exceção de Valência, onde por longo tempo o árabe persiste ao lado do espanhol. (Barceló, 1984, apud. Corriente, 1992: 34). Ver também capítulo anterior "A Poesia na Córdova Almorávida", o item População.
17. Cf. Federico Corriente, 1993: 7.
18. Ibn Quzman, que se considera insuperável na arte do zejel, declara ser considerado o maior zejeleiro de seu tempo. O copista do manuscrito se refere a ele como a "Maravilha dos Tempos".

> Dificultei aos ignorantes o acesso à natureza do zejel. Limpei-o dos enodamentos que o enfeiavam; simplifiquei-o, até ficar suave ao tato e desbastado na aspereza, porque o despojei do *i'rāb*, dos ornamentos e dos convencionalismos, como quem desnuda a espada da bainha; tornei-o próximo e distante, familiar e estranho, difícil e fácil, obscuro e claro[19].

Ibn Quzman pretendeu uma língua refinada mas, ao mesmo tempo, específica para o zejel. O *i'rāb*, que ele tantas vezes renegou, não é outro senão aquele do árabe clássico, que consiste na declinação de modo e caso das palavras segundo as leis morfossintáticas estritas desse idioma. É que os zejeleiros anteriores e contemporâneos ao poeta insistiam em declinar as palavras do árabe vulgar seguindo normas alheias à língua do zejel: pecavam justamente por tomar, para a construção de "sua" poesia, os critérios lingüísticos de uma "outra", o que, nos juízos de Ibn Quzman indica falta grave, maior ainda que a de "usar palavras vulgares na linguagem elevada de *qaṣā'id* e *muwaxxaḥāt*"[20].

Assim, se o zejel tem de obedecer, como de fato obedece, a algum tipo de "*i'rāb*", deve ser ao próprio, isto é, à morfossintaxe de sua língua, a vulgar. No exemplo citado e considerado por Ibn Quzman como um mau verso, >qad takassara janāḥak watabarrada muzāḥak<, as formas clássicas *takassara* e *tabarrada*, usadas para contemplar o ritmo *ramal*, deveriam estar substituídas pelas formas dialetais respectivas /atkassár/ e /atbarrád/[21].

19. Ibn Quzman. "Introdução": "wa-ṣa"abtu 'alà l-aglafi ṭ-ṭab'i wuṣūlahu, waṣaffaytuhu 'ani l-'uqadi l-lafi taxīnuhu wasahhaltuhu hattà lāna malmasuhu waraqqa ḵaxīnuhu wa'addaytuhu mina l-i'rābi wa'arraytuhu mina t-taḥāli'i wal-iṣṭilāḥāti tajrīda s-sayfi 'ani l-qirābi, waja'altuhu qarīban ba'īdan wabaladiyyan garīban waṣa'ban hayyinan wagāmiḍan bayyinan". Cf. Corriente, 1980a: 1 (numeração indiana) e cotejo com texto espanhol em 1984: 39-40.
20. "walaysa l-laḥnu fi l-kalāmi l-mu'rabi l-qaṣīdi aw il-muwaxxaḥi bi'aqbaḥa mina l-i'rābi fi z-zajali". Cf. *op. cit.*, p. 3 e, em tradução, p. 42.
21. Cf. Corriente, 1984: 308. Ver, acima, as implicações de outra interpretação do *i'rāb* nos estudos quzmanianos: "Quzmanologia", o item Poblemática. Métrica: Um Caso de *'Arūḍ*?

Porém, não se deve esquecer que, mesmo tratando-se de um árabe literário, essa língua reflete muitos dos aspectos gerais do dialeto árabe-andaluz[22] no estágio que fora usado, nos meios urbanos de Córdova, desde os últimos anos dos reinados de Taifas (1031-1091) – dado o caráter arcaizante da língua poética – até a época em que se escreveu o *Cancioneiro de Ibn Quzman*, ou seja, durante os anos de governo Almorávida (1091-1145)[23].

GRAMÁTICA

Seguindo o modelo adotado por Federico Corriente (1977, 1980b, 1992 e 1993)[24], segue aqui a apresentação de alguns dos traços típicos do árabe-andaluz, que aparecem nos zejéis 1, 10 e 80 do *Cancioneiro de Ibn Quzman* editados, traduzidos e comentados neste estudo.

Nesta descrição, de feição esquemática e estritamente limitada ao corpus deste estudo (quando o contrário, indico em rodapé), a gramática andaluza é tomada nos seus níveis fonológico, morfológico, sintático e lexical, ficando indicado, sempre que a bibliografia o permitiu, o parentesco do dialeto com o árabe antigo, o clássico, ou o romance.

22. Adoto o termo "árabe-andaluz", ou simplesmente "andaluz", conforme o "árabe-hispânico" de Federico Corriente in *A grammatical sketch of the Spanish Arabic dialect bundle* (1977) e o *Árabe andalusí y lenguas romances* (1992) e não o "hispano-árabe" da *Gramática, métrica y texto del Cancionero hispanoárabe de Aban Quzmán* também de Corriente (1980b). Segundo reorientação do próprio autor, o primeiro termo é mais preciso, porque evita uma possível interpretação errônea do termo "hispano-árabe", que poderia sugerir uma derivação do elemento "árabe" a partir do "hispânico", o que em nada corresponderia à natureza linguística do dialeto.
23. Cf. Federico Corriente, 1980a: 9.
24. Ver, também, capítulo "Quzmanologia", o item Dialetologia: A Contribuição de Federico Corriente.

I. Fonologia[25]

1. segmental

No nível fonológico, a interferência mais significativa do romance no árabe-andaluz, sem contudo indicar algum rompimento radical com o árabe antigo, é a inibição da velarização das vogais a favor da palatalização, ou o que na gramática árabe se chama *imāla*, isto é, a tendência observada, desde outros tempos, de a vogal /a/ fechar-se ou se abrir, por força das consoantes no entorno.

1.1. Em Ibn Quzman, a vogal /a/ sofre esse efeito. Enquanto reflexo de /a:/ neo-árabe, isto é, "a longo", /a/ pode resultar num alofone [e] e caracterizar *imāla* de 1º grau, sempre que estiver situada entre consoantes não faringalizadas ou velarizadas[26] (/arriw*á*ya/, /*á*ya/ e /nik*á*ya/), ou num alofone [i] e realizar *imāla* de 2º grau[27] (/y*i*zakkí/ para /yazakkí/ /t*i*k̲allí/ para tak̲allí/), podendo este alofone ser neutralizado, ainda que em raras vezes, num arquifonema [I] (/w*Í*ld/[28] e /ill*Í*/, respectivamente do árabe antigo /wālid/ e /illà/)[29].

25. Cf. Corriente (1977: 22-73; 1980b: 13-28; 1992: 37-70 e 125-126). Os tópicos da fonologia árabe-andaluza que aparece no *Cancioneiro de Ibn Quzman*, bem como os da morfologia, da sintaxe e do léxico nos itens subseqüentes com suas respectivas exemplificações sempre se referem às ocorrências nos três poemas estudados neste livro e, por isso, não se cita a fonte; caso contrário, as fontes são mencionadas em notas de rodapé.
26. Os fonemas velarizados e faringalizados (inclusive enfáticos), quando constituem os entornos de /a/, inibem a sua palatalização (*imāla*). São eles: /ḍ/, /ṭ/, /ṣ/, /ẓ/, /q/, /k̲/, /g/, /ʻ/e /ḥ/ e, às vezes, /r/, /l/ e /p/, ou /w/. Para estudo adequado da vocalização e da *imāla* ver Corriente (1972: 22-31; 1980b: 13-15; 1992: 37-38).
27. Há provas de que a *imāla* de 2º grau tenha existido desde tempos remotos, tendo sido provavelmente inibida pela estandardização do dialeto, até a sua reaparição generalizada a partir do século XIII em Granada. Cf. Corriente (1992: 38). /a/ do árabe antigo pode também estar refletido em /u/ conforme /fumm/ e /xuffa/, no manuscrito, por / fam/ y /xafa/ (Corriente, 1980b: 14-15) e alguns arabismos no português como alcaçova > /alqaṣába/, Marrocos > /Marrákux/ (Corriente, 1992: 38-39).
28. Cf. Corriente, 1980b: 14.
29. Sem que tenha resultado em fonemização, é possível dizer que /u/ tenha sido confundi-

Essa interferência pôde ser medida a partir do exame morfo-fonético das combinações rímicas dentro do zejel, algumas vezes confrontadas com a transcrição românica para os termos árabes, realizada pelos lexicógrafos medievais[30], ou, numa outra via, com os topônimos, antropônimos, moçarabismos e arabismos entrados, em diversas fases, nas línguas peninsulares como o espanhol, o catalão, o galego e o português.

Da mesma forma como o impacto do romance sobre o árabe diversifica a tendência vocálica do árabe antigo sem romper com ela, algo semelhante se dá com as consoantes.

1.2. De um modo geral, o consonantismo andaluz se mostra bastante conservador com relação ao árabe antigo (incluído o clássico[31], neste caso). Ainda assim, existiram algumas mudanças, dentre as quais vale destacar o acréscimo marginal dos fonemas /p/ (/penátu/), /č/ (prepalatal africada surda: /pičmát/̥) e /ğ/ (palatovelar oclusiva sonora: /ğillíd/[32]); a indiferenciação, devida à interferência do romance, entre /d/ e /d̥/ e a possível alternância com /ḏ/ e /z̥/ (>támdi< por /tamd̥ī/, com um possível >támḏi< ou >támz̥i<; >fadull< por /faḏull/) e o ensurdescimento de certas consoantes na posição final da palavra (/ay/ por /ayn(a)/), às vezes por assimilação, como em /mimmá/ por /min má/.

do pelos andaluzes com o romance /o/, conforme os arabismos: algodão < /alquṭ̥ún, *mozlemo* < /muslím/ (Corriente, 1977: 28, 1992: 40). Por sua vez, /i/ podia estar neutralizado em /a/, como /qaṭ̥á'a/, no manuscrito, pelo árabe antigo /qiṭ̥a'/ (Corriente, 1980b: 15).

30. Conforme Reinhardt Dozy (1881: x), os mais importantes lexicógrafos arabistas da Idade Média foram o autor do *Vocabulista in Arábico*, talvez o frade catalão do século XIII chamado Raymond Martin, e o Padre Pedro de Alcalá do século XVI. Ver bibliografia P. de Lagarde, 1883.

31. Para uma análise contrastiva, no nível segmental, do sistema fonológico do árabe e do português, ver Safa A. A. C. Jubran, 1996.

32. Segundo Corriente (1980b: 18). O tipo sugerido por este último exemplo não aparece nos textos visados por este estudo.

2. supra-segmental

2.1. Nos casos generalizados de juntura, assimilação e dissimilação, envolvendo consoantes, vogais ou ditongos, notam-se traços tipicamente andaluzes, porém a tendência para estes fenômenos no dialeto usado por Ibn Quzman não o faz romper com o árabe antigo, já que essa tendência é extensiva aos demais dialetos, inclusive o árabe clássico[33].

2.2. Contudo, como ruptura radical do andaluz com o neo-árabe, a quantidade vocálica perdeu seu valor fonológico (defonemização) em troca de uma fonemização do acento, que, no caso de zejel e *muwaxxaḥa*, resultou numa adaptação peculiar da métrica clássica.

A troca da medida quantitativa pela acentual pôde ser percebida principalmente através da maneira como foram marcadas nos manuscritos as vogais tônicas, dentre outras soluções grafêmicas e alguns fenômenos fonológicos indicativos dessa substituição[34], já que a ortografia árabe carece de um grafema próprio para o acento.

Na ortografia do manuscrito do *Cancioneiro*, seguramente influenciada pela ortografia clássica e pelas "correções" do copista que, ao que parece, desconhecia o árabe-andaluz, a *matres lectionis* em ā, ī, ū, histórica e conhecida do clássico, quando em posição de vogal tônica (/á/, /í/, /ú/), pode coincidir com a sua posição no árabe antigo (/ni*ríd*/ grafado >narīd<) ou não (/*bá*yti/ e /na*qíf*/ grafados >baytī< e naqīf, quando no árabe antigo seria /baytī/ e /naqif/[35]). No caso específico da língua no zejel, por se tratar este de texto ritmado, às vezes uma mesma palavra pode ser tônica ou não, sempre que a métrica assim o exigir[36] (/*man* mádda/ e /*mán* yidallás/; /állah/ e /alláh/).

33. Cf. Corriente (1977, 1980b, 1992).
34. Algumas geminações podem indicar a tonicidade da vogal precedente, como o caso comum de >iyya<̱ /íya/ em /muxtaríy[y]a/, cf. Corriente (1980b: 24).
35. Cf. Corriente, 1977: 60-61. Ver advertência a nota 20.
36. Fato que muda no árabe-andaluz de fase mais avançada, quando o comportamento acentual obedece a normas rígidas. Isso leva a crer que a língua e, conseqüentemente, a

II. Morfologia[37]

1. o nome

O nome no árabe-andaluz, como no árabe antigo, é formado por uma raiz de geralmente três e raramente de quatro ou cinco consoantes, mais a vocalização, os prefixos, infixos e sufixos que indicam o gênero, o número, o caso e a determinação do nome, segundo um sistema definido de derivação.

1.1. Formas léxicas. Algumas dessas formas, tipicamente andaluzas, aparecem ao lado de outras do neo-árabe. Em geral, elas alteram a vocalização do nome na raiz, nos prefixos, infixos e sufixos; porém, mesmo nisso, não deixam de adquirir uma derivação regular, conforme a própria tendência da língua árabe[38].

1.2. Forma gramatical (inflexão). Desaparece a determinação de caso (inflexão do *i'rāb*), típica do árabe antigo, mas se conservam:

a) a forma do feminino, com o morfema {-a(t)} (/alqám*a*/ "o talhe" pelo árabe antigo /alqāmat/), sendo /t/ realizado somente antes do morfema dual {-áy(n)} (/xuff*at*áyn annás/ "os (dois) lábios das pessoas")[39], ou de um complemento nominal (/dáwl*at* alḫirmán/[40] "o império da miséria");

métrica do zéjel de Ibn Quzman se encontravam ainda numa fase de transição. Sobre a evolução da métrica acentual ver Corriente (1982-1983). Sobre as posições do acento em Ibn Quzman ver Corriente (1980b: 21-23).

37. Cf. Corriente (1977: 74-120, 1980b: 28-45, 1992: 70-108). Ver *supra*, nota ao item "Fonologia". É particularmente difícil a descrição das formas léxicas no manuscrito de Ibn Quzman, devido às correções clássicas que ele sofreu. Isso não impediu Corriente (1980b) de correlacionar a língua refletida pelo manuscrito com os outros textos da época e, com isso, restaurar, sempre que possível, a forma dialetal das passagens alteradas pelo copista (possivelmente vários deles) do manuscrito.

38. Para uma mesma função, coexistem no manuscrito as formas do árabe antigo e do andaluz, conforme, entre outros casos, {CvCvC}do árabe antigo (/al-*balád*/) ~ {CvCC} do árabe-andaluz (/*fárḫ*i/). Ver Corriente (1980b: 19-30).

39. *Idem*, 31.

40. *Idem*, 30.

b) duas formas para o plural "são": a do masculino, com {-ín} (/mudall*in* al'uḏnáyn/ literalmente "orelhas caídas")[41], e a do feminino, com {-át} (nuhayd*át*), entre várias de plural "quebrado"[42]: {1u2ú3}, /ḥubús/ s. /ḥabs/; {1i2á3}, /rijál/ s. /rajúl/, /miláḥ/ s. /malíḥ/; {a12á3}, /ayyám/ s. /yawm/; {1a2á3i(a)4}, /maḥáfil/ s. /máḥfal/, /aṣába'/ s. /uṣba'/, etc.

1.2.1. A influência do romance é perceptivel na indistinção de gênero da 2. pessoa de pronomes e verbos, no uso de sufixos romances e na proliferação[43] do diminutivo.

As formas masculina e feminina de diminutivo para raízes triconsonânticas são, respectivamente, C*u*C*áyya*C (/z*u*j*áyya*l/[44] "zejelzinho") e C*u*C*áy*C*a* (/n*u*j*áy*m*a*/ = "estrelinha"). Para as raízes {12y/w}, o diminutivo é C*u*C*áy*(*ya*) (/x*u*w*ay*/ = "pouquinho", a partir da raiz /x*ayy*/). Para as bases quadriconsonânticas, a forma é C*u*C*áy*C*a*C (/'*u*x*áy*q*a*r/ "loirinho").

Além destas formas, cujo padrão guarda de certa forma alguma afinidade com o árabe antigo[45], o sufixo romance *ello*/*ella*, dentre outros[46], pôde criar um morfema {-al} de diminutivo, conforme o romancismo /marqaṭál/ "pequeno mercado"[47], assim como o aumentativo romance

41. *Idem*, 31.
42. No árabe, o plural se realiza com o acréscimo de sufixos, ou pela "quebra" da raiz e a inclusão de formas que envolvem acréscimo/mudanças de consoantes e/ou vogais.
43. A abundância de diminutivos no *Cancioneiro* bem como a variedade de formas possíveis são atribuídas muito mais, ao que parece, ao "círculo hispânico de poetas" (Abu-Haidar, 1989: 239-254) do que ao círculo árabe-clássico das cortes. De fato, enquanto que nas ḵarajāt romances e nos cantos moçárabes se observa "o mesmo gosto pelo diminutivo que hoje se derrama nos cantares andaluzes modernos" (Menéndez Pidal, 1956: 124-125), o uso do diminutivo nas *muwaxxaḥāt* e nas *qaṣā'id*, escritas em árabe clássico, é raro e depreciativo, diferentemente de como é usado por Ibn Quzman. Ver capítulo "O Som e o Sentido", o item A Lima e a Estrela: Zejel n. 10.
44. Corriente (1980b: 31).
45. Com exceção de CuCáyCa, as demais formas de diminutivo não seguem o padrão clássico.
46. O árabe-andaluz chegou a ter mais de vinte sufixos romances. Ver Corriente (1992: 127-131).
47. Ver Corriente (1980b: 132-133) e Abu-Haidar (1989: 245, 253-254).

ón resultou num morfema {-ún}, conforme /ardún/ "ingrato"[48] ou / jurrún/ "jarrão"[49].

1.2.2. Como indicativo típico do traço andaluz, desaparecem as marcas do feminino da 2ª. pessoa nos pronomes pessoais retos e oblíquos e nos possessivos, conforme /'anta/ "tu", /yiḥíbb*ak*/ "te ama", / na'xaq*ka*/ "te amo", /yik̲allí*k*/ "te deixa", /wará*k*/ "por ti", /'ámr*ak*/ "teu caso", enquanto os pronomes demonstrativos, igualmente sem a marcação do feminino[50], se restringem a /(ha)d̲a/, /(ha)d̲ak/, /hawl(a)/ e / hawlak/, conforme /d̲a nnugáyma/ "esta cançãozinha", /hu (ha)d̲ák/_ "ele é isso", /hawlak al'abyát/[51] "esses versos", /wahawl arrijál/ "e estes homens".

2. o verbo

2.1. Forma léxica. O verbo em Ibn Quzman assume dez formas para as raízes triconsonantais e duas para as de quatro consoantes, tendo cada qual um tema perfeitivo e outro imperfeitivo, todas conhecidas do árabe antigo, ainda que, por vezes, a vogal dos temas alterne com relação a este, conforme, dentre outros casos, o morfema perfeitivo da forma I {1*a*2*i*3} = {1*a*2*á*3} (/'*a*x*á*qt/, /n*a*x*á*bt/) e o imperfeitivo {12*a*3} = {12*á*3} ou {12*ú*3} (/na-sm*á*'/ ou /na-xr*ú*b/[52]).

2.2. Forma gramatical (inflexão). Como influência do andaluz falado, o feminino da 2ª. pessoa não é marcado. Porém, de modo similar ao árabe antigo e clássico, o verbo apresenta cinco paradigmas, quais sejam, o *maṣdar*, o imperativo, o particípio, o imperfeitivo e o perfeitivo, podendo terem os últimos dois uma voz agentiva e outra não-agentiva.

48. Ver, *infra*, item Léxico.
49. Cf. Corriente (1980b: 32).
50. No neo-árabe e no clássico, o feminino é marcado nos pronomes demonstrativos e nas segundas pessoas dos pessoais e possessivos.
51. Corriente, *op. cit.* , 35.
52. *Idem*, 37.

2.2.1. O verbo *perfeitivo* indica uma "ação objetivamente completa, como passado, optativo, condição, etc"[53]. Assim como no caso dos pronomes, desaparecem do verbo as marcas de feminino das 2ªs. pessoas. Com isso, obtém-se o perfeitivo com o acréscimo de alguns sufixos, como -/-t(u)/ para a 1ª. pessoa do singular (/'axáq*tu*/ "amei", / axwár*t*/ "consultei") e -/-t(a)/ para a 2ª. (/mata ma qúl*ta*/ "assim que disseres"), ou -/-u/ para a 3ª. pessoa do plural (/qal*ú*/ "disseram").

2.2.2. O verbo *imperfeitivo* indica uma "ação objetivamente incompleta, como presente, futuro, imperfeito e ordenativo[54] (este uma espécie de subjuntivo, a exemplo do decalque "vem (para que) te *veja* o professor" para /jí yarák almu'allám/). Sempre que não ocorra um classicismo, indicativo de registro alto, o prefixo da primeira pessoa é /na-/- para o singular (/*na*ríd/ "amo", /'ána *na*skút[55] / "eu escuto") e /na-/-/-u para o plural (/*na*bít*u*/ "pernoitamos"[56]). Outros dos prefixos que caracterizam o verbo perfeitivo andaluz são: /ta-/- para a 2ª. pessoa de singular masculino ou feminino (/*ta*rá/ "vês"); /ya-/- e /ta-/-, respectivamente, para a 3ª. pessoa de singular masculino e feminino, (/*ya*ṯni/ "ele louva", /*ta*mdi/ "ela vai").

2.2.2.1. Harmonização. Porém, nos verbos côncavos (*jūf*), a vogal /a/ do prefixo sofre harmonização, passando a /u/ nos morfemas {1w3} e a /i/ nos morfemas {1y3} (/numút/, /nuqúl/, /yukún/, /nuḏúq/, /tuqúl/, /tukún/, /tulúḥ/, /nuzúl/, /niríd/, /nimíd/, /niṭíq/, /tiríd/, /niṣíbak/, /nihíbak/, /nijíbak/).

Do mesmo modo, nos casos de verbo surdo (*muḍā'af*), {122}, a vogal se harmoniza conforme a vocalização do consoante posterior (/yugúxx/, /yurúddu/, /tu'údda/, /yumúrr/, /yiḥíbbak/).

Nos verbos {1a22á3} da forma derivada II, também pode ocorrer harmonização vocálica do prefixo em /i/ (/yidallás/, verbo *ṣaḥīḥ* "regular", ou /tiḵallíh/, /yizakkí/, /yiḵallík/, verbo *mu'tall* "irregular").

53. *Idem*, 38.
54. *Idem*, 39.
55. *Idem*, 14 (números indianos)
56. *Idem*, 40, nota 117.

2.2.3. O *imperativo* incide somente na 2ª. pessoa de singular e plural, através do prefixo /(')a/-, mais o tema imperfeitivo e, quando oportuno, o sufixo do plural. Exemplos são: /*a*d̲úlli/ "humilha", /*a*nkí/ "maltrata", /'*a*kfúru/ "pequem".

2.2.4. A *voz não-agentiva* do verbo, caso igual ao neo-árabe, indica o desconhecimento ou a vontade de não se revelar o sujeito do verbo. O tema não-agentivo do verbo perfeitivo, nas condições descritas por Corriente[57], é /i/ como última vogal e /u/ para as anteriores, conforme / 'in q*utí*ltu/ "se eu for morto" (por quem?), /'*u*lq*í*/ "ficou-se atirando". O tema não-agentivo do verbo imperfeitivo é /a/ como vogal de todo o verbo, menos no prefixo que levará /u/, conforme /y*u*q*á*l/ "diz-se", / y*u*ḥ̥*a*bb*á*s/ "prende-se".

2.2.5. O *particípio* do verbo andaluz, quando deriva da forma I {1a2v3}, resulta numa alternativa {1á2i3}, particípio agentivo, conforme /yáyis/ "desesperado", e numa outra {ma12ú3}, não-agentivo, conforme /mawlú / "incendiado". Nos demais casos, o partícipio é formado pelo acréscimo do prefixo {mu-} aos temas correspondentes, conforme /mumallás/ "alisado", /mufḥ̥ám/ "calado".

2.2.6. O *maṣ̥dar*, nome de ação do verbo, é relativamente raro em Ibn Quzman, pois esse tipo de abstração era pouco necessária no registro coloquial[58]. Geralmente, as formas do *maṣ̥dar* derivam do árabe clássico com algumas adaptações, quando for o caso, à fonologia andaluza, chegando a assumir em Ibn Quzman dez estruturas morfologicamente definidas, conforme /tamíz/ "distinção", forma II {ta12í3}, a partir do clássico /tamyīz/; /f-intiẓ̥árak/ "à tua espera", igual ao clássico, forma VII {in1i2á3} de *maṣ̥dar* na classificação de Corriente[59].

57. *Idem*, 40, nota 120.
58. *Idem*, 41, nota 122.
59. /ṣ̥awm/_ "jejum" de /ṣ̥áma/, verbo "surdo", regredido da forma I, e /duk̲úlak/ literalmente "tua entrada" são *maṣ̥ādir* em Ibn Quzman morfologicamente impossíveis de serem predizíveis, como todos os verbos da forma I, cf. Corriente, *op. cit.*, 41.

III. Sintaxe[60]

Ainda que na sintaxe o árabe-andaluz tenha sido bastante afetado pelo romance e seja esse aspecto um traço distintivo do andaluz frente aos demais dialetos árabes[61], em geral a sintaxe desse dialeto se mostra conforme à neo-árabe.

Como nos demais dialetos, o andaluz possui dois tipos de sintagmas: nominal e verbal.

1. sintagma nominal

O sintagma nominal não tem verbos. Quando os tiver, os verbos serão nominalizados por *maṣdar*, particípio ou conjunção.

1.1. No sintagma nominal qualificativo, a concordância de gênero e número é natural, conforme /hawl arrijál/ (masculino plural) "estes homens", /ruqáq ḥulúwwa/ (feminino singular) "um confeito doce".

A determinação ou a indeterminação, marcada ou não pelo artigo /al-/, se dá entre o núcleo do sintagma e toda a sua extensão, conforme /*al*qámḥ *al*jadíd/ "o trigo novo". Assim como acontece com o árabe antigo, esta regra às vezes é violada, com o artigo incidindo somente na extensão do sintagma, conforme /masjíd *al*ak̲ḍár/ "a mesquita verde". Contudo, a indeterminação se dá freqüentemente pelo uso do *tanwīn* conetivo, isto é, pelo acréscimo do sufixo /-an/ ao núcleo do sintagma, conforme /ḥuṭáman saḥti yábis/ "escombro usado e seco", renovando o seu uso com relação ao árabe antigo.

1.2. No sintagma nominal de regência (que no português corresponde ao sintagma preposicionado), um nome depende do outro, bastando para isso que se justaponham os nomes, contanto que o primeiro nunca

60. Cf. Corriente (1977: 74-120, 1980b: 28-45, 1992: 70-108). Ver, *supra*, nota ao item Fonologia.

61. Cf. Corriente, 1992: 131-132.

vá definido[62], conforme /'aṣ̥ábi' xaríf/ "dedos de nobre", /máwl almiláḥ̥/ "senhor das beldades".

1.3. Num tipo de sintagma nominal predicativo, encontra-se o pronome pessoal de 3ª. pessoa, /hu/ "ele" (podendo adquirir o sentido de "isso") como marca da conexão entre sujeito e predicado, conforme se dava no árabe antigo quando a relação entre sujeito e predicado do sintgma predicativo estivesse pouco clara. Esse recurso aparece como um registro médio, porque freqüente em Ibn Quzman, conforme /'aná hu aná/ "eu (isso) sou eu", /kúlli 'áxiq fik hu mawlú'/ "quem te ama (ele) está apaixonado"[63].

2. sintagma verbal

No árabe-andaluz, todo sintagma verbal é predicativo de um sintagma nominal, isto é, de um nome ou pronome, expresso ou elíptico.

O sintagma verbal tem como núcleo uma forma finita de verbo e uma possível extensão de sintagma nominal como objeto, ou de extensões derivadas prepositivas ou conjuntivas que originam orações compostas e complexas[64].

2.1. Freqüentemente, o verbo apresenta um conteúdo sintático, definido através de uma partícula ligada a ele ou que o acompanha. Este é o caso, entre outros, do perfeitivo que recebe um reforço aspectual da partícula /qad/ do árabe antigo, conforme /qad axwárt/ "(já) consultei", ou de /laqad/, classicismo, conforme /laqad fi ámrak áya/ "de fato há no teu caso estranhamento".

2.2. As extensões nominais do sintagma verbal são nomes ou sintagmas nominais que lhe servem, dentre outras coisas, como objeto mais

62. É freqüente em Ibn Quzman o uso da preposição neo-árabe matá('). Isso possibilita a determinação do primeiro nome do sintagma, o regente, conforme /'*al*qulúb mata nuẓ̥ẓ̥áru/ "os corações de seus espectadores". (Corriente, 1980b: 47).

63. Ver outra interpretação desta frase na tradução e respectivo comentário do zejel n. 10.

64. Cf. Corriente, 1980b: 49.

ou menos direto[65]. O objeto mais ou menos direto é aquele no qual recai a ação do verbo ou este o afeta por conseqüência[66]. No árabe de Ibn Quzman, como no árabe antigo, esse objeto é seguidamente marcado pela preposição /li-/, conforme /'axwárt *li*man naṯíq bíh/ (objeto mais direto) "consultei (a) alguém em quem confio" e /liman kán qafáh asbát̥ mumallás yurúddu lamín bazzázzi/ (objeto menos direto) "(a) quem tiver a nuca lisa e escovada o alamim responde com o sopapo".

2.3. As extensões prepositivas, iguais às do árabe antigo e do clássico, podem às vezes realizar-se com advérbios tais, como /ba'ád/ e /'ád/, conforme /man akál ba'ád daqíqak/ "quem comeu já (de)o teu trigo" e /'in qutíltu 'ád yukún bík/ "se eu for morto será inclusive por ti".

2.4. As extensões conjuntivas podem derivar orações coordenadas e subordinadas[67].

2.4.1. As coordenadas podem ser, como no árabe antigo e no clássico, introduzidas, dentre outras, pelas marcas /wa-/, /fa-/, /'aw/, conforme /rajá' kull ah̥ád farás *wa*h̥amh̥ám *fa*'in jít aná ḵullítu mufh̥ám/ "vira cada qual um cavalo e relincha e, se eu vier, serei deixado calado?", /hu [ha]ḏák *aw* lak yah̥kí/ "ele é isso ou de ti se fala".

2.4.2. As subordinadas, quando não introduzidas por conjunção, podem estar nominalizadas, por exemplo, com a partícula /ma/, conforme /las akfá *ma* hi ruqáq/ "não bastou ela ser um doce". As subordinadas por conjunção podem ser, dentre outras funções, temporais, condicionais ou modais.

2.4.2.1. As temporais admitem, dentre outras conjunções, /matama/, /'iḏ/, /h̥atta/, conforme /matama qúlta kulayma/ "quando disseres uma palavrinha", /'iḏ yaqt̥á' xat̥át̥ alqáma t̥úlak/ "quando a tua altura ultrapassa o comprimento do talhe" e /la nuzúl h̥attá nijíbak/ "não descansarei até que te traiga".

65. *Idem*, 51-52.
66. *Idem*.
67. *Idem*, 54-60.

2.4.2.2. As condicionais se apresentam em três condições conhecidas do árabe clássico: 1. a condição possível, com a marca /'iḏa/, conforme /yat'ajjáb *'iḏa* ra'áha ka'kí/ "espanta-se se a vir um doceiro"; 2. a condição possível porém remota, com a marca /'in/, conforme /*'in* jít aná ḵullítu mufḥ̥ám/ "se eu vier, serei deixado calado?"; e 3. a condição hipotética, com /law/, conforme /*law* qadár qalbí yiḵallík lam yidabbár ḏa nnugáyma/ "se pudesse meu coração deixar-te, não rimaria esta cançãozinha".

2.4.2.3. As modais podem levar, dentre outras, a marca /biḥ̥ál/, conforme /taráhu *biḥ̥ál* man madda pičmáṭ̥/ "ele te parece como alguém que estirasse [massa de] biscoito.

2.5. O sintagma verbal pode ser precedido por um verbo modificador, conforme /'abtadá/ "começar a" em /nabtadík na'mál nikáya/ "começo-te a fazer mal".

3. outros traços

3.1. Os sintagmas, nominais ou verbais, podem ser negados total ou parcialmente, dentre outras, com as partículas /lis/, conforme /hawl arriját lis min rijáli/ (negação de predicado nominal) "estes homens não são dos meus", /lis niṭ̥íq minnú 'ala ḵṯár/ (negação de verbo imperfeitivo) "não agüento isso mais", /lis akfá/ (negação de verbo perfeitivo) "não bastou"; /la/, na mesma situação de /lis/ conforme /lis na'ṭ̥íq laḥ̥ád walá nihíbak/ (negação de verbo imperfeitivo) "não te darei a ninguém e não te entregarei", mas diferente em /la láyma/ (negação de sintagma nominal) "não [és] Liminha" e /dári la tu'údda ílla dárak/ (negação de verbo imperativo) "minha casa não a consideres senão como tua"; /ma/ , com um valor enfático, conforme /ma jítu zamán illá zamának/ "nunca evoquei um tempo senão o teu"; e /lam/ diante de verbo imperfeitivo, conforme /lam yidabbár/ "não arranjaria", ainda que, às vezes, equivalente ao perfeitivo negado, conforme /lam nuḏúq fíh gayr luqáyma/ "não gostei dele senão um pouquinho".

3.2. A modalidade interrogativa se dá na maioria das vezes por entonação, conforme /'ila kam ḏa ṣṣáddi 'ánni/ "até quando este desdém comigo?", ou com a marca /hal/, por interferência clássica (/hal nuḵáḏ balaḥkám/ "Seriam-me aplicadas as normas?")[68].

3.3. A modalidade interjeitiva também se dá pela entonação, mas é freqüente a ocorrência, dentre outras, das marcas /'ay/ e /ma/, conforme /'ay ḥujayrát 'an maṯáqil/ "quantas pedras preciosas ao invés de moedas!" e /ma mláḥk iḏ taqáf 'ala qaḍíbak/ "como ficas belo quando paras (te sustentas) sobre o teu talo!".

3.4. A modalidade enfática se manifesta em algumas marcas como as encontradas no árabe antigo, /qad/ e /laqad/, conforme /alláh qad 'aṭák jamál biqúwwa/ "Deus realmente te deu beleza com intensidade" e /laqad fi ámrak áya/ "de fato há em teu caso estranhamento". A expressão /faḥla ma/, conforme /faḥla ma nurá fi bayti jális/ "*e quando melhor* pareço [me parece eu estar] na minha casa sentado" renova o uso do clássico /mā aḥlà/ "que belo!".

4. fragmentos

4.1. O vocativo se realiza sem marcas, por entonação, ou, segundo o árabe antigo, com /ya/, /'a/ e o artigo /al-/, conforme /*ya* zayn almaḥáfil/ "ó enfeite das reuniões", /'*a*ṭífli/[69] "minha criança" e /*al*qámḥ aljadíd aná ḥabíbak/ "(oh) Trigo novo, eu sou o teu amado".

4.2. As exclamações e os juramentos são tradicionais ou remontam a formas conhecidas em outros dialetos, bem como no árabe clássico, conforme /*walláh* la nazúl/ "por Deus que não descansarei", /*hamm alláh*/ por /'aym alláh/ "juro por Deus" etc.

68. Corriente, 1993: 154.
69. *Idem*, 1980: 66.

IV. Léxico[70]

O léxico andaluz se apresenta como uma evolução interna do neo-árabe, ou como resultado da interferência do árabe clássico e do romance. Observa-se também a inclusão de um que outro termo berebere[71], persa, latino oriental e norte-africano, grego, copta, hebraico, aramaico e etiópico, termos esses entrados por diversas vias e em diferentes momentos, desde antes da gênese do dialeto, isto é, fazendo parte já do neo-árabe.

1. Nos poemas aqui estudados, são exemplos típicos do léxico andaluz, resultante por evolução interna do árabe antigo ou do clássico, /xáṯ/ "alto" e /xaṯáṯ/ "comprimento"[72]; /zázz/ "golpe no pescoço"[73]; /ruqáq/ "doce confeitado"[74]; /muṯárnan/ "aloucado"[75]; /ni'ma/[76] "bastante" ou "intensamente", conforme o árabe antigo; /nuxba/ na acepção de "enredamento" e com valor semântico, portanto, equivalente ao *maṣdar* clássico /'ixtibák/[77]; /ardún/ de /ḫārid/ "ingrato", de uma provável que-

70. Cf. Corriente 1977: 151-153; 1980a: 183-194; 1980b: 67-68; 1992: 122-123 e 132-142; 1993. Ver nota ao item "Fonologia".
71. O léxico berbere no andaluz se limita a algumas palavras como /ğillíd/ "senhor", /ağzál/ "lança", /arwál/ "foge", /axkád/ "de pressa". Ao contrário, o berbere assimilou amplamente o léxico andaluz, bem como outros aspectos da gramática (ver Corriente, 1992: 35-36, 1993: 12). As marcas da Andaluzia no norte da África estão também na música (a *nūba*) e na poesia (o zejel). Essas interferências se dão a partir do século XI, com a entrada dos almorávidas na Andaluzia e, acredita-se, seguem mais intensamente quando, em épocas avançadas da Reconquista, os andaluzes acodem à África.
72. Cf. Dozy (1881: 755-756). Para este termo, bem como para os demais deste apartado, ver principalmente Corriente, 1993.
73. Cf. Dozy (1881: 591): "coup avec les creux de la main sur le chigron".
74. Cf. Dozy (1881: 545): "sorte de pâté ou de gâteau". Corriente, (1993: 68): "especie de barquillo".
75. Cf. Alcalá apud. Lagarde (1883: 294): "loco, perenal loco" e Corriente, 1993: 95.
76. Cf. Corriente 1980a: 80 (sistema indiano de numeração) e 1984:66; no entanto, o termo é lido /na'am/ "porém" em Corriente, 1993: 150. Contudo, /ni'ma/ aparece, ainda, em vários outros pontos do manuscrito.
77. Ver notação de Corriente à sua edição (1980b: 8 e 1993: 147) e Dozy (1881: 722).

da de /ḥ/ da raiz {ḥrd}[78] mais o sufixo romance {-ún}; /ḏáb(a)/ "agora", do árabe antigo /da'ban/ ("sempre"), ou "eis aqui", como um calco etimológico da expressão beduína /iḏā bah/ < /iḏā bih/[79]; /alfaqí/ do clássico /alfaqīh/ "alfaqui" (arabismo[80]); /tamíz/ do clássico /tamyīz/ "discernimento"; /fúwwa/ do clássico /fawhah/ ou /fūhah/ "boca" e /hamm alláh/ de /'aym alláh/ "juro por Deus".

2. Os romancismos de Ibn Quzman, quando não são meros decalques do romance andaluz, imitados pelo poeta com alguma finalidade artística, revelam uma participação importante do romance na formação do dialeto andaluz, apesar do seu pequeno número[81], bem como indicam a presença, em algum grau, de um bilingüismo remanescente.

Do léxico contido no corpus deste estudo, são romancismos, na maioria das vezes emprestados do romance andaluz, com efeitos folclorizantes[82]: /čirkí/ (do latim "quercus" > "cercus") "[galho] de carvalho"; /xilibáto/ "aloucado"; /penáto/ "apenado"; /tan/ "tão"; /ḥazíno/

78. Cf. Corriente (1980a: 201). Segundo o autor, /ardún/ poderia igualmente derivar do latim *aridus* e *ardere*. Ver logo adiante.

79. Cf. Corriente (1980b: 8, 78 e 1984: 315). Não consta em Corriente, 1993, como termo do zéjel n. 10 do *Cancioneiro*.

80. Como este e a maioria dos termos árabes que entraram no português e no espanhol derivam não do árabe clássico, mas do vulgar, isto é, do andaluz, conforme o que indica claramente o exame morfo-fonológico desses termos, talvez se devesse mudar a denominação "arabismo" para "andaluzismo", a exemplo do que ocorre com o uso da palavra "romancismo" para designar os termos de procedência portuguesa ou espanhola no árabe clássico e nos dialetos árabes medievais, em lugar de "lusitanismo" e "espanholismo".

81. Segundo Federico Corriente (1992: 132-153), os romancismos em todo o dialeto andaluz não ultrapassam o percentual dos 5%, do mesmo modo como os arabismos nas línguas peninsulares refletem uma cifra semelhante, sem que com isso diminua a importância dessas aportações em ambos os casos.

82. Muitos dos romancismos demonstram ter sido "colhidos" por Ibn Quzman, como, no *muwaxxaḥa*, ocorre com a *ḵarja*. É prova disso o fato de o poeta seguir o romancismo, ou antepor a ele, com os termos equivalentes do árabe-andaluz, a exemplo de /muṯarnan, xilibáto/ "aloucado", em que os dois termos têm um mesmo significado. Por isso a maioria deles não consta no *Léxico estándar y andalusí del Dīwān de Ibn Quzmān*, de Corriente, 1993.

(>h̥azīnu< no manuscrito) "triste", cuja terminação em /-o/ indica assimilação e hispanização do adjetivo árabe /h̥azín/ pela desinência de gênero {-o}; e /ardún/ "ingrato", seja pela terminação /-ún/ que reflete o sufixo aumentativo {-ón}, seja pela hipótese agora (contrária à mencionada no item 1 acima) de uma base romance para /ardún/, a partir do latim *aridus* ou *ardere*.

De origem grega, e sem que seja um romancismo, já que o termo aparece no árabe antes da formação do andaluz, é /pičmát̥/ (>bijmāt̥<, no manuscrito)[83], cujo sentido exato permanece obscuro aos filólogos, mas que parece indicar algum tipo de biscoito, ou maçapão, uma espécie de doce que leva na massa farinha, ovos e amêndoas.

83. O dicionário *Muh̥īt̥ al-muh̥īt̥* (Al-Bustāni, 1987) traz as variantes árabes /buqsumāt̥/, /bijmát̥/ e /bixmát̥/. Sobre /pičmát̥/, ver Corriente (1980a: 185; 1980b: 11-12; 1992: 184-187) e Gómez (1972: III-408-409).

Bibliografia

'ABD AT-TAWWĀB, Ramaḍān. *Fuṣūl fī fiqh al -'arabiyya*. 2. ed. Cairo, Maktab al-Ḵānijī, 1980.

ABU-HAIDAR, J. A. "The Diminutives in the Diwan of Ibn Quzman: A Product of Their Hispanic Milieu?" In *Bulletin of the School of Oriental and African Studies*, v 52(2), 1989, p. 239-254.

AL-BUSTĀNĪ, Buṭrus. *Muḥīṭ al-muḥīṭ*. Nova edição. Beirute. Maktabat Lubnān, 1987.

Al-fak̲ru wa-l-ḥamāsa. Majmū'at funūn al-adab al-'arabī, 5: Al-Fann al-Ginā'ī "A Vanglória e a Exaltação. Coleção Gêneros Literários Árabes, 5: Gênero Lírico". Cairo. Dār al-Ma'ārif, s/d.

AL-XĀBBĪ, Abū-l-Qāsim. "La Imaginación Poética entre los Árabes". In *Literatura Tunecina Contemporánea. Seminario de Literatura y Pensamiento Árabes Modernos*. Serie Antologías Nacionales. II, Madrid, Instituto Hispano-Árabe de Cultura, 1978, pp. 26-29.

ARROJO, Rosemary. "As Questões Teóricas da Tradução e a Desconstrução do Logocentrismo: Algumas Reflexões". In (Org.) *O Signo Desconstruído: Implicações para a Tradução, a Leitura e o Ensino*. Campinas, Pontes, 1992, pp. 71-79.

_______. *Oficina de Tradução: A Teoria na Prática*. São Paulo, Ática, 1986.

AṢ-ṢĀLIḤ, SUBḤĪ. *Dirāsāt fī fiqh al-lugga*. 12. ed., Beirute, Dār al-'Ilm Lilmalāyīn, 1994.

AT-TABRĪZĪ. *Kitāb al-kāfī fī l-'arūḍ wa-l-qawāfī*."Livro Completo em Métrica e Rima". Edição de *Al-ḥassānī ḥasan 'Abd Allāh*. Cairo, Dār al-Jīl Liṭibā'a.

AUBERT, Francis Henrik. "A Tradução Literal: Impossibilidade, Inadequação ou Meta?". In *Ilha do Desterro*. Florianópolis, UFSC, 1987, pp. 14-20.

AULETE, Caldas. *Dicionário Contemporâneo da Língua Portuguesa*. Edição Brasileira atualizada por Hamílcar de Garcia. Rio de Janeiro, Delta, 1958, 6 v.

BARTHOLO, Roberto S. Jr. & CAMPOS, Arminda Eugenia (Org.) *Islã - O Credo é a Conduta*. Coleção Religião & Modernidade. Rio de Janeiro, Imago & ISER, 1990.

BORGES, Jorge Luis. "Os Tradutores das 1001 Noites". In *História da eternidade*. Rio de Janeiro, Editora Globo, s/d, pp. 75-95.

BOSCH VILÁ, Jacinto. *Los Almorávides*. Edición facsímil de Tetuán, Editora Marroquí, 1956, y Estudio preliminar por Emilio Molina López. Granada, Universidad de Granada. 1990.

CAMPOS, Augusto de. "Ezra Pound: Nec Spe Nec Metu". In POUND, Ezra. *Poesia*. 2 ed., São Paulo, Hucitec, 1985: 13-40.

CAMPOS, Haroldo de. "Diábolos no Texto (Saussurre e os Anagramas)". In *A Operação do Texto*. São Paulo, Perspectiva, 1976.

_______. *Qohélet: O-Que-Sabe. Eclesiastes. Poema Sapiencial*. 2. ed. São Paulo, Perspectiva, 1991.

_______. "Da Tradução como Criação e como Crítica". In *Metalinguagem e Outras Metas*. 4. ed. São Paulo, Perspectiva, 1992, pp. 31-48.

_______. *Bere'shith. A Cena da Origem*. São Paulo, Perspectiva, 1993.

CASTRO, Américo. *La Realidad História de España*. México, 1954.

CATFORD, J. C. *A Linguistic Theory of Translation*. Oxford, Oxford University, 1965.

CHEJNE, Anwar G. "Las Formas Populares de la Poesía". In *Historia de España Musulmana*. Tradução de Pilar Vila. 2 ed. Madrid, Cátedra, 1987, pp. 208-220.

CLUZEL, I. "Quelques reflexions à propos des origines de la poésie lyrique des troubadours". In *Cahiers de Civilisation Médiévale* 14-IV. Poitiers, Université de Poitiers, 1962, pp. 179-188.

CORRIENTE, Federico. *A Grammatical Sketch of the Spanish Arabic Dialect Bundle*. Prólogo de Emilio García Gómez. Madrid, Instituto Hispano-Árabe de Cultura, 1977.

_______. "Notas de Lexicología Hispanoárabe". In *Vox Romanica*, 39:183-194 ("I. Nuevos romancismos de Aban Quzmán y crítica de los propuestos"), 194-

210 ("II. Los romancismos del "Vocabulista in Arabico": addenda et corrigenda"). Suiça, Francke Verlag Bern, 1980a.

_______. *Gramática, Métrica y Texto del Cancioneiro Hispanoárabe de Aban Quzmán*. Madrid, Instituto Hispano-Árabe de Cultura, 1980b.

_______. "The Metres of the Muwaxxaḫ, an Andalusian Adaptation of *'arūḍ?*, a Bridging Hypothesis". In *Journal of Arabic Literature*, vol XIII, 1982, pp. 76-82.

_______. "Observaciones sobre la Métrica de Ax-Xuxtarí (Materiales para un Estudio Diacrónico del Zéjel y el Muwaxxaḫ)". In *Awraq* 5-6. Madrid, Instituto Hispano-Árabe de Cultura, 1982-83, pp. 39-87.

_______. *El Cancionero Hispanoárabe (de Ibn Quzmān)*. Madrid, Editorial Nacional, 1984.

_______. *Árabe Andalusí y Lenguas Romances*. Colección "Al-Andalus". Madrid, Mapfre, 1992.

_______. *Léxico Estándar y Andalusí del Dīwān de Ibn Quzmān*. Zaragoza, Área de Estudios Árabes e Islámicos, 1, Universidad de Zaragoza, 1993.

DOI, Abdur-Rahman Ibrahim. "Sunismo". In BARTHOLO Jr., Roberto S. e CAMPOS, Arminda Eugênia (org.). *Islã – O Credo é a Conduta*. Rio de Janeiro, Imago e ISER, 1990: 105-117.

DOZY, Reinhardt. *Supplément aux dictionnaires arabes*. Leyden, E. J. Brill, 1881, 2v.

DUFOURCQ, Charles-Emmanuel. *La Vida Cotidiana de los Árabes en la Europa Medieval*. Colección Historia - 10. Tradução do francês de Santiago Jordán (primeira edição francesa em 1978). Madrid, Ediciones Temas de Hoy, 1990.

DUMITRESCU, M. "Les premiers troubadours connus et les origines de la poésie provençale". In *Cahiers de civilisation médiévale* 35-IX. Poitiers, Université de Poitiers, 1966, pp. 345-354.

FANJUL GARCÍA, Serafín. *Literatura Popular Árabe*. Madrid, Editora Nacional, 1977.

FRAPPIER, J. "Vue sur les conceptions courtoises dans les littératures d'oc et d'oïl au XII siècle". In *Cahiers de civilisation médiévale* 6-II. Poitiers, Université de Poitiers, 1959, pp. 135-156.

GARAUDY, Roger. *El Islam en Occidente*. Traducción del francés por J. J. Vega. Madrid, Editorial Breogan, 1987.

GARCÍA GÓMEZ, Emilio. *Cinco poetas musulmanes (Biografías y Estudios)*. "Colección Austral", 513. Buenos Aires, Espasa-Calpe, 1945.

_______. *Todo Ben Quzmān*. Madrid, Editorial Gredos, 1972, 3 v.

_____. *El Mejor Ben Quzmān en 40 zéjeles*. Madrid, Alianza Editorial, 1981.

_____. "Introducción" in *El Collar de la Paloma. Tratado sobre el amor y los Amantes (de Ibn Hazm de Córdoba)*. Prólogo de José Ortega y Gasset. Tradução e introdução de Emilio García Gómez. 5 ed. Madrid, Alianza Editoral, 1985a, pp. 27-89.

_____. *Poemas Arábigoandaluces*. Madrid, Espasa-Calpe, 1985b.

_____. *Las Jarchas Romances de la Serie Árabe en su Marco*. 3 ed., Madrid, Alianza, 1990.

GRANJA, F. de la. *Maqāmas y Risālas Andaluzas*. Madrid, Instituto Hispano-Árabe de Cultura, 1976.

GRAYYIB, Jurj. *Al-Mutanabbī: Dirāsa 'āmma* (Al-Mutanabbī: Estudo Geral) 2 ed., Beirute, Dār at-taqāfa, 1972.

HOURANI, Albert. *Uma História dos Povos Árabes*. São Paulo, Companhia das Letras, 1994.

HUSAYN, Tahà. *Min ḥadīt = ixxi'ir wan-natir* (Sobre a Poesia e a Prosa) 10 ed. Cairo. Dār al-Ma'ārif, 1969.

IBN ḤAZM de Córdoba. *El Collar de la Paloma. Tratado sobre el Amor y los Amantes (de Ibn Hazm de Córdoba)*. Prólogo de José Ortega y Gasset. Tradução e introdução de Emilio García Gómez. 5 ed. Madrid, Alianza Editoral, 1985

IBN ḤAZM. *Ṭawq al-ḥamāma fī l-ulfa wa-l-ullāf* (O Colar da Pomba – Sobre o Amor e os Amantes). Edição de M. M. 'Abd al-Laṭif, M. A. M. ḵafāju e I. I. Hilāl. Cairo, Maṭba'at al-Mudūni, 1975.

IBN ḴALDŪN. *Os Prolegômenos ou Filosofia Social*. Tradução de José Khoury. São Paulo, Editora Safady, 1958-1960, 3 v.

_____. *Muqaddimat Ibn Ḵaldūn*. Edição de 'Abd Allāh al-Bustānī. 4 ed., Beirute, Maktabat Lubnān, 1990.

IBN QUZMĀN. *Dīwān ax-Xayḵ al-Wazīr al-Ajall A'jūbat az-Zamān Abī Bakr Ibn 'Abd al-Malik Ibn Quzmān Raḥmat Allāhi 'alayhi* "Cancioneiro do Mestre e Excelso Vizir, Maravilha do Tempo, Abu Bakr Ibn 'Abd al-Malik Ibn Quzman: A Misericórdia de Deus [desça] sobre ele". Reprodução fototípica a partir de um novo microfilme do manuscrito único de Ibn Quzman presente no Instituto de Orientalistas de São Petersburgo, Rússia, obtida, em 1993, junto ao Ministério das Relações com o Mundo Árabe, em Madrid.

IBN SA'ĪD AL-MAGRIBĪ. *Al-Mugrib fī ḥulā al-magrib* (O Maravilhoso na Beleza do Magrebe) Edição de Xauqī Dayf. Coleção "Daḵā'ir al-'Arab"- 10. Cairo. Dār al-Ma'ārif, 1953. 2 v.

JAKOBSON, Roman "Aspectos Lingüísticos da Tradução". "Lingüística e Poética". In *Lingüística e Comunicação*. 20 ed. São Paulo, Cultrix, 1995.

JAROUCHE, Mamede Mustafa. "Tribulações do Terceiro Xeique – Duas Versões de um Conto das *Mil e Uma Noites*". In *Revista USP* 31, pp. 142-149. São Paulo, 1996.

JUBRAN, Safa Alferd Abou Chahla. *Análise Contrastiva do Sistema Fonológico do Árabe e do Português e suas Implicações Pedagógicas*. Dissertação de Mestrado. Departamento de Lingüística, FFLCH da USP, 1996.

LAGARDE, P. de. *Petri hispani de lingua arabica libri duo*. (*Léxico Árabe-andaluz segundo o Padre Pedro de Alcalá*). Gottingae, Protestant in Aedibus Dieterichianis Arnoldi Hoyer, 1883.

LAPA, Manuel Rodrigues. *Das Origens da Poesia Lírica em Portugal na Idade Média*. 1ª. edição: 1929, Lisboa, Seara Nova, 1973.

_______. *Lições de Literatura Portuguesa. Época Medieval*. 10 ed., Coimbra, Coimbra Editora, 1981.

LEVI-PROVENÇAL, E. *España Musulmana hasta la Caída del Califato de Córdoba (711-1031 de J. C.)*. Tradução de Emilio García Gómez. In *Historia de España*, Tomo IV, dirigida por Ramón Menéndez Pidal. Madrid, Espasa-Calpe, 1950.

LOMBBA FUENTES, J. "La beauté objective chez Ibn Hazm". In *Cahiers de civilisation médiévale* 25-VII, pp. 1-18 e 26-VII, pp. 161-178. Poitiers, Université de Poitiers, 1964.

LÓPEZ-BARALT, Luce. *Huellas del Islam en la Literatura Española de Juan Ruiz a Juan Goytisolo*. Madrid, Hiperión, 1989.

MACHADO, José Pedro. *Alcorão*. Lisboa, Junta de Investigações Científicas do Ultramar, 1979.

MAHDI, Muhsin. *Kitābu alfi layla wa-layla. Min usūlihi l-arabiyyati l-ūla*. (*Livro das Mil e uma Noites. A Partir de suas Fontes Árabes mais Antigas*). Leiden, A. I. Brill, 1984.

MAKKĪ, at-tāhir Ahmad . *Dirāsāt andalusiyya fi-l-adab wa-l-tā rīk wa-l-falsafa*. (*Estudos Andaluzes em Literatura, História e Filosofia*). Cairo, Dār al-Ma 'ārif, 1980.

MARCOS MARÍN, Francisco. *Individuo y Sociedad en Al-Andalus*. "Colección Al-Andalus". Editorial Mapfre, 1992.

MENÉNDEZ PIDAL, Ramón. "El Habla de la España Mozárabe y los Orígenes del Español. In *El Idioma Español en sus Primeros Tiempos*. Madrid, Espasa-Calpe, 1945a.

_______. *Poesía Juglaresca y los Juglares*. Buenos Aires, Espasa-Calpa, 1945b.

_______. *España, Eslavón entre la Cristiandad y el Islam*. Madrid, Espasa-Calpe, 1956.

_______. *Poesía Árabe y Poesía Europea*. 5 ed., Madrid, Espasa-Calpe, 1963.

MESCHONIC, Henri. *La rime et la vie*. Dijon-Quetigny, Editions Verdier, 1990.

MONROE, James T. *Hispano-arabic Poetry: A Student Anthology*. Berkeley/Los Angeles/London, 1974.

_______. "Prolegômenos al Estudio de Ibn Quzman: El Poeta como Bufón". In *Nueva Revista de Filología Hispánica*. Tomo XXXIV – 2. México, CELL-El Colegio de México, 1985-86, pp. 769-799.

_______. "Salmà, el Toro Abigarrado, la Doncella Medrosa, Ka'b al-Ahbár y el conocimiento del Árabe de Don Juan Manuel: Prolegómenos al Zéjel Núm. 148 de Ibn Quzman". In *Nueva Revista de Filología Hispánica*. Tomo XXXVI – 2. México, El Colegio de México, 1988, pp. 853-878.

MONTEIL, Vincent Mansour. *Abû Nuwâs: Le vin, le vent, la vie*. Introdução crítica, seleção de poemas e tradução do árabe. 3. ed. Paris, Sindbad, 1990.

MUJICA PINILLA, Ramón. *El Collar de la Paloma del Alma*. Madrid, Hiperión, 1990.

NABHAN, Neuza Neif. *"As Mil e uma Noites" e o Saber Tradicional: Das Narrativas Árabes à Literatura Popular Brasileira*. São Paulo, FFLCH-USP. Tese de Livre-Docência, 1990.

NIDA, Eugene A. *Toward a Science of Translating: With Special Reference to Principles and Procedures Involved in Bible Translating*. Laeiden, Brill, 1964.

NYKL, Alois Richard. *Hispano-arabic Poetry and its Relations with the Old Provençal Troubadours*, Baltimore, J. H. Furst Company, 1946.

PERES, Henri. *Esplendor de Al-Andalus. La Poesía Andaluza en Árabe Clásico en el Siglo XI*. 2 ed. Tradução de Mercedes García-Arenal (primeira edição francesa em 1937). Madrid, Hiperión, 1990.

POUND, Ezra. *ABC da Literatura*. (Organizador da edição brasileira: Augusto de Campos). 12 ed., São Paulo, Cultrix, 1997.

RUBIERA MATA, María Jesús. *Literatura Hispanoárabe*. Colección Al-Andalus. Madrid, Editorial Mapfre, 1992.

RUBINSTEIN, Zipora. *Shem Tov de Carrión: um Elo entre Três Culturas*. São Paulo, Edusp, 1993.

SAID, Edward W. *Orientalismo: O Oriente como Invenção do Ocidente*. São Paulo, Companhia das Letras, 1990.

SÁNCHEZ-ALBORNOZ, Claudio. *España, un enigma histórico*. Madrid, 1956.

_______. *La España Musulmana según los Autores Islamitas y Cristianos Medievales*. 2. ed., Buenos Aires, El Ateneo, 1960, vol 2.

SCHACK, Adolf Friedrich von. *Poesía y Arte de los Árabes en España y Sicilia*. Traducción de Juan Valera. "Libros Hiperión", 112. Madrid, Hiperión, 1988.

SOLÁ-SOLÉ, Josep Mª. *Las Jarchas Romances y sus Moaxajas*. Madrid, Taurus, 1990.

STERN, Samuel Miklos. *Hispano-arabic Strophic Poetry*. Selected as edited by L. P. Harvey. Oxford, Clarendon Press, 1974.

STODDART, William. *O Sufismo*. Tradução de Iva Vicente Flores. Lisboa, Edições 70, 1980.

VADET, Jean-Claude. *L'esprit courtois en Orient*. Paris, Editions G.-P. Maisonneuve et Larose, 1968.

VALLVÉ, J. *El Califato de Córdoba*. Colección Al-Andalus, Madrid, Mapfre, 1992.

VERNET, Juan. *Literatura Árabe*. Barcelona, Editorial Labor, 1968.

_______. *Ce que la culture doit aux arabes d'Espagne*. Traduit de l'espagnol par Gabriel Martínez Gros. "La Bibliothèque Arabe", Paris, Sindbad, 1985.

VINAY, J. P. & DARBELNET, J. *Stylistique comparée du français et de l'anglais*. Paris, Gallimard, 1968.

WEIL, Gotthold. "'Arūḍ". In *The Encyclopaedia of Islam*. New edition. Leiden, E. J. Brill; London, Luzac & CO., 1960, volume I: 667-677.

ZUMTHOR, Paul. *Essai de poétique médiévale*. Paris, Seuil, 1972.

COLEÇÃO SIGNOS
(Últimos Lançamentos)

24. *Crisantempo*
Haroldo de Campos
25. *Bissexto Sentido*
Carlos Ávila
26. *Olho-de-Corvo*
Yi Sán^{g} (Yun Jung Im – Org.)
27. *A Espreita*
Sebastião Uchoa Leite
28. *A Poesia Árabe-Andaluza: Ibn Quzman de Córdova*
Michel Sleiman
29. *Murilo Mendes: Ensaio Crítico, Antologia e Correspondência*
Laís Corrêa de Araujo